职业教育物流管理专业教学用书

物流设施与设备操作实务

（第2版）

徐　馥　主　编

滕传永　刘立华　副主编

梁永年　杨泳琳　曾芳芳　蓝国宏　参　编

电子工业出版社

Publishing House of Electronics Industry

北京·BEIJING

内 容 简 介

本书重点介绍在物流作业中运用的设施和设备，分别介绍运输设施与设备、仓储设施与设备、配送设施与设备、装卸搬运设备、集装单元器具、包装设施与设备、流通加工技术与设备、物流信息技术与设备。全书共 8 个模块，每个模块配有教学目标、小结和练习与自测等，每个任务有小测试、知识链接等。全书内容图文并茂、深入浅出，具有较强的实用性、可操作性和新颖性，便于学习，体现了理论知识与实践能力的有机结合。

本书可作为职业院校物流服务与管理专业的教材，也可作为物流从业人员的培训用书、物流教学研究人员的参考资料。

本书配有相关教辅资料，请登录华信教育资源网www.hxedu.com.cn下载。

图书在版编目（CIP）数据

物流设施与设备操作实务 / 徐馥主编. —2版. —北京：电子工业出版社，2018.6
ISBN 978-7-121-34354-4
Ⅰ. ①物… Ⅱ. ①徐… Ⅲ. ①物流—设备管理 Ⅳ. ①F253.9

中国版本图书馆CIP数据核字（2018）第115679号

策划编辑：陈　虹
责任编辑：郝黎明　　特约编辑：张燕虹
印　　刷：河北虎彩印刷有限公司
装　　订：河北虎彩印刷有限公司
出版发行：电子工业出版社
　　　　　北京市海淀区万寿路173信箱　邮编　100036
开　　本：787×1092　印张：11　字数：281千字
版　　次：2011年10月第1版
　　　　　2018年6月第2版
印　　次：2025年9月第15次印刷
定　　价：28.50元

前　言

物流产业被称为经济的血脉，而目前我国的物流行业正进入量质齐升的发展阶段。随着国家将互联网+物流划入重点规划，互联网+物流便进入了物流行业视线之中，互联网+大数据运营模式成为了一个新的发展以及转型方向。而目前在互联网、大数据、云计算、物联网等现代信息技术支持下，物流智能化得到前所未有的快速发展，物流装备技术的更新换代也逐步提升。

物流设施是整个社会物流系统运作的基础，物流设备又是组织物流活动的物质技术基础，贯穿于物流的全过程，深入到每个作业环节，用以实现物流各项作业的功能，是生产力发展水平域现代化程度的重要标志，体现了企业的物流能力大小。

本书以任务导入，让学生通过主动参与、自主协作、探索创新完成学习，提高学生的学习兴趣。

本书全面阐述了集装设备和物流的七大功能设施设备，根据物流系统所涉及的各个环节，分别介绍了运输设施与设备、仓储设施与设备、配送设施与设备、装卸搬运设备、集装单元器具、包装设施与设备、流通加工技术与设备、物流信息技术与设备等内容，介绍了各种物流设施与设备的主要功能和使用范围。只有学会并做到选好、用好、管理好现代化物流设施与设备，才能充分发挥其在整个物流系统中的作用。

本书由徐馥担任主编，负责全书的编写大纲和体例的拟订、统稿和定稿的工作；滕传永和刘立华担任副主编。具休编写分工如下：徐馥负责编写模块一和模块五，梁永年负责编写模块二，杨泳琳负责编写模块三，曾芳芳负责编写模块四，刘立华负责编写模块六，滕传永负责编写模块七，蓝国宏负责编写模块八。

本书配有相关教辅资料，请登录华信教育资源网 www.hxedu.com.cn 下载。

在本书编写过程中，参阅了有关教材、网站、研究成果和文献，在此一并表示衷心感谢。

我国物流行业的发展异常迅速，物流设施设备水平不断提升，由于编者的社会阅历和理论水平有限，书中疏漏之处在所难免，恳请广大读者不吝指正。

目　　录

运输设施与设备

【教学目标】

教学目标：认知运输设施与设备。

能力目标：能够根据不同的货物选择不同的运输设备。

情感目标：培养学生的沟通表达能力、团队合作精神、积极思考的态度。

【引入案例】

小红应聘到某物流公司，接到的第一个任务是为某外贸企业的货物选择适合的运输方式，为了更好地了解各种运输方式，小红决定要好好学习运输的设施与设备。

【知识导航】

1.运输设施与设备的定义

运输设施是指固定在某个地点或者线路上，构成综合运输网络的有形固定资产。运输设备是指货物从某地运往其他地方的载体，是运输方式的工具。

2.运输的方式

运输的方式有公路运输、铁路运输、水路运输、航空运输和管道运输。

任务一　认识和选择公路运输设施与设备

【小测试】　根据货物选择公路运输车辆。

现在有一批货物采用公路运输，请根据货物的性质特点选择合适的公路运输车辆，请你帮小红把车辆的编号填进货物下面的□里。

（一）货物类型

托盘货物☐

煤炭☐

新鲜水果☐

水泥☐

集装箱☐

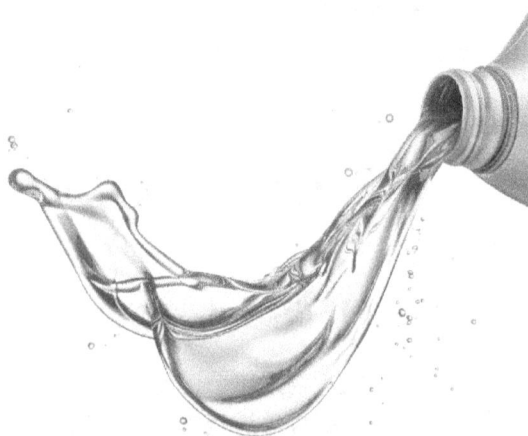

石油☐

（二）车辆类型与编号

厢式货车（编号：1）

牵引车+挂车（编号：2）

冷藏车（编号：3）

罐车（编号：4）

自卸货车（编号：5）

混凝土搅拌车（编号：6）

【知识链接】

一、公路运输设施与设备概述

公路运输设施是指道路、公路主枢纽（车站）以及附属设施。公路运输设备主要包括公路运输车辆，主要是货车。

二、公路运输设施

（一）道路

1.道路的定义与分类

道路是指供各种无轨车辆和行人通行的基础设施，按照行政等级可以分为国家公路、省公路、县公路、乡公路、专用公路。

道路按照交通量分类表如表 1-1 所示。

表 1-1   道路按照交通量分类表

分类	描述	交通量
高速公路	专供汽车分向分车道行驶并应全部控制出入的多车道公路	平均昼夜交通量为 25 000 辆以上
一级公路	供汽车分向分车道行驶并可根据需要控制出入的多车道公路，连接高速公路或某些大城市的城乡接合部、开发区经济带及人烟稀少地区的干线公路	平均昼夜交通量为 15 000～30 000 辆
二级公路	为供汽车行驶的双车道公路。中等以上城市的干线公路或者通往大工矿区、港口的公路	平均昼夜交通量为 2000～7500 辆
三级公路	主要供汽车行驶的双车道公路，沟通县、城镇之间的集散公路	平均昼夜交通量为 1000～4000 辆
四级公路	主要供汽车行驶的双车道或单车道公路。沟通乡、村等地的地方公路	双车道 1500 辆以下；单车道 200 辆以下

2.道路的结构

道路的结构包括路面（如图 1-1 所示）和路基（如图 1-2 所示）。路面是指用筑路材料铺在路基顶面，供车辆直接在其表面行驶的一层或多层的道路结构层。路基是指按照路线位置和一定技术要求修筑的作为路面基础的带状构造物，是公路的基础，路基是用土或石料修筑而成的线形结构物。

图 1-1   路面

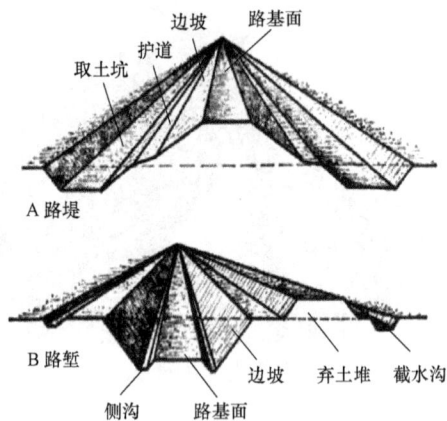

图 1-2   路基

3.道路交通控制设施

（1）道路交通标志和标线

道路交通标志和标线是用图案、符号、文字传递交通管理信息，引导道路使用者有秩序地使用道路，以促进道路交通安全、提高道路运行效率的安全管理设施。交通标志包括警告标志（如图 1-3 所示），禁令标志（如图 1-4 所示），指示标志（如图 1-5 所示），指路标志（如图 1-6 所示），旅游区标志、道路施工安全标志（如图 1-7 所示），交通辅助标志（如图 1-8 所示）。道路交通标线（如图 1-9 所示）包括指示标线、禁止标线和警告标线。

一、警告标志

十字交叉	T形交叉	Y形交叉	环形交叉	向左急弯路	向右急弯路
反向弯路	连续弯路	上陡坡	下陡坡	内侧变窄	右侧变窄
左侧变窄	窄桥	双向交通	注意行人	注意儿童	注意牲畜
注意信号灯	注意落石	注意横风	易滑	堤坝路	傍山险路
村庄	隧道	路面不平	渡口	施工	注意非机动车
有人看守铁路道口	无人看守铁路道口	过水路面	事故易发路段	驼峰桥	慢行
叉形符号		注意危险	左右绕行	左侧绕行	右侧绕行

图 1-3 警告标志

（2）交通信号灯

交通信号灯由红灯、绿灯、黄灯组成。红灯表示禁止通行，绿灯表示准许通行，黄灯表示警示。交通信号灯分为机动车信号灯、非机动车信号灯、人行横道信号灯、方向指示灯（箭头信号灯）、车道信号灯、闪光警告信号灯、道路平面交叉道口信号灯。

（二）货车站

1. 货运站的定义

货车站是公路运输部门的重要基层单位之一，专门办理货物运输业务，组织和调度车辆运行。专门办理货物运输业务的汽车站一般设在公路货物集散点。

二、禁令标志

禁止通行	禁止驶入	禁止机动车通行	禁止载货汽车通行	禁止三轮机动车通行	禁止大型客车通行
禁止小型客车通行	禁止汽车拖、挂车通行	禁止拖拉机通行	禁止农用运输车通行	禁止两轮摩托车通行	禁止某两种车通行
禁止非机动车通行	禁止畜力车通行	禁止人力运货三轮车通行	禁止人力客运三轮车通行	禁止骑自行车下坡	禁止骑自行车上坡
禁止人力车通行	禁止行人通行	禁止右转弯	禁止左转弯	禁止直行	禁止向左向右转弯
禁止直行和向左转弯	禁止直行和向右转弯	禁止掉头	禁止超车	解除禁止超车	禁止车辆临时或长时停放
禁止车辆长时间停放	禁止鸣喇叭	限制宽度	限制高度	限制重量	限制轴重
限制速度	解除限制速度	停车检查	停车让行	会车让行	减速让车

图 1-4　禁令标志

2. 货运站的分类

申请一级、二级汽车货运站，一级、二级汽车零担货运站，一级、二级、三级集装箱中转站，由县级以上道路运输管理部门逐级初审，市交通主管部门签署意见，省交通厅道路运输管理局审核，报省交通厅审定。申请三级、四级汽车货运站，三级汽车零担货运站，四级集装箱中转站，由县级道路运输管理部门初审，县级交通主管部门签署意见，市级道路运输管理部门审核，市交通主管部门审定。

三、指示标志

直行	向左转弯	向右转弯	直行和向左转弯	直行和向右转弯
向左和向右转弯	靠右侧道路行驶	靠左侧道路行驶	立交直行和左转弯行驶	立交直行和右转弯行驶
环岛行驶	单行路(向左或向右)	步行		单行路(直行)
鸣喇叭	最低用速 50	干路先行	会车先行	人行横道
右转车道	直行车道	直行和右转合用车道	分向行驶车道	公交路线专用车道
机动车行驶	机动车车道	非机动车行驶	非机动车车道	允许掉头

图 1-5 指示标志

四、指路标志

玉门 地名	黄河大桥 著名地名	北京界 行政区划分界	顺义道班 道路管理分界
G105 国道编号	S203 省道编号	X08 县道编号	交叉路口预告
十字交叉路口		丁字交叉路口	
互通式立交	环形交叉路口	分岔处	
P 停车场	收费 收费	免费 免费	
避车道	此路不通		

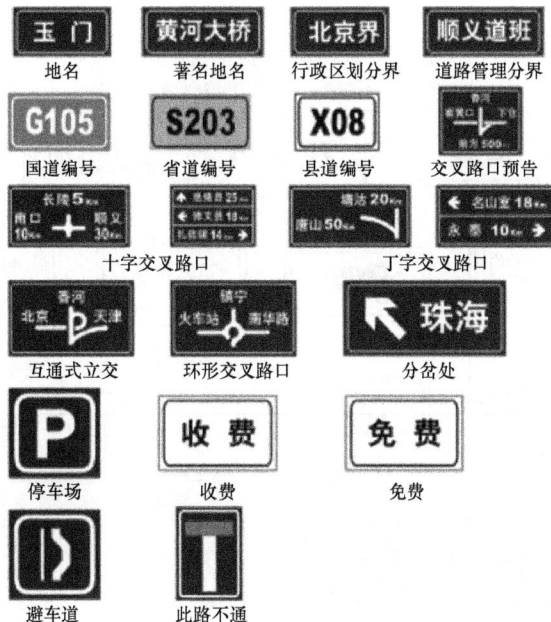

图 1-6 指路标志

五、旅游区标志

旅游区方向	旅游区距离	问询处	徒步	索道
野营地	营火	游戏场	骑马	钓鱼	高尔夫球
潜水	游泳	划船	冬季浏览区	滑雪	滑冰

六、道路施工安全标志

前方施工	道路封闭	右道封闭	左道封闭
中间封闭	车辆慢行	向左行驶	向右行驶
向左改道	向右改道	锥形交通标	通口标注

图 1-7　旅游区标志、道路施工安全标志

七、交通辅助标志

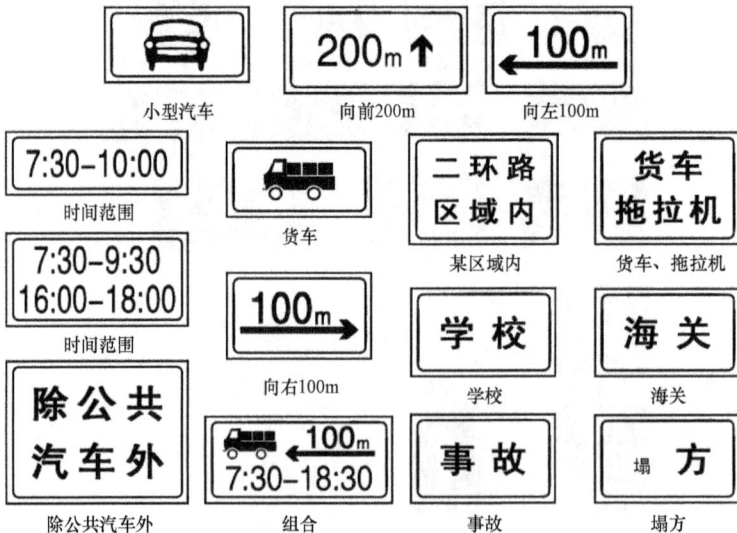

小型汽车	向前200m	向左100m
时间范围	货车	某区域内	货车、拖拉机
时间范围	向右100m	学校	海关
除公共汽车外	组合	事故	塌方

图 1-8　交通辅助标志

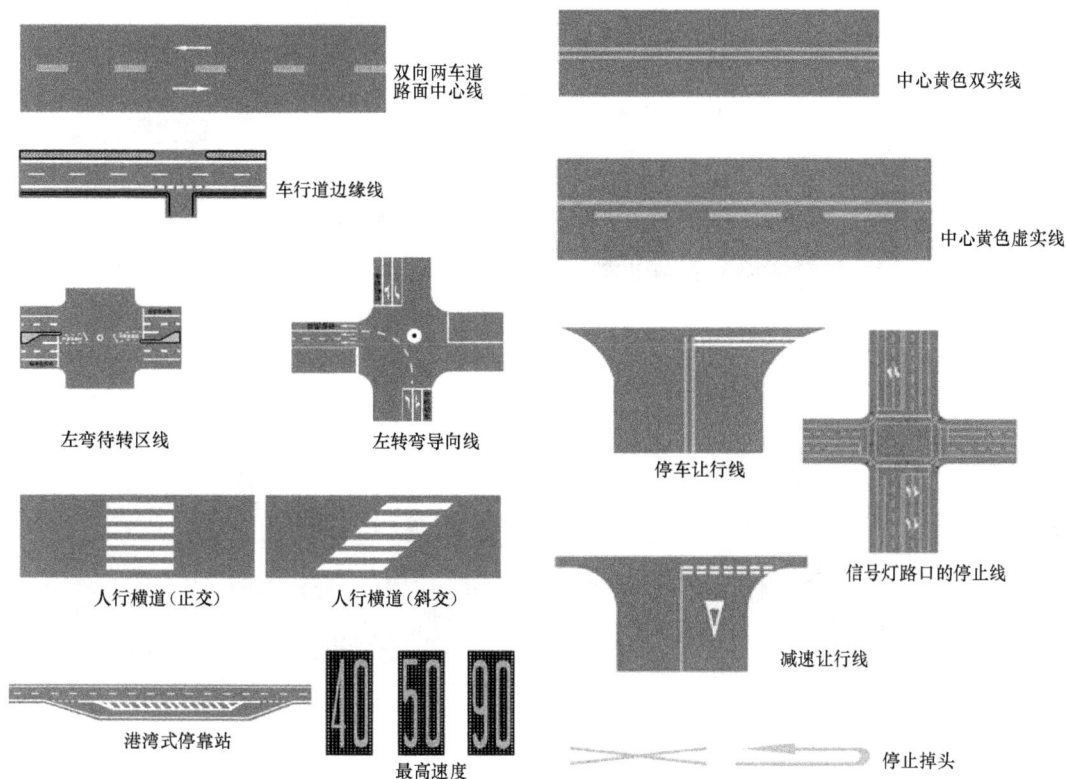

八、道路交通标线

图 1-9   道路交通标线

货运站按交通量分类表如表 1-2 所示。

表 1–2   货运站按交通量分类表

分类	货物吞吐量
一级货运站	年换算货物吞吐量为 600×103t 及以上
二级货运站	年换算货物吞吐量为 300×103t～600×103t
三级货运站	年换算货物吞吐量为 150×103t～300×103t
四级货运站	年换算货物吞吐量不足 150×103t

三、公路运输设备

（一）普通货车

普通货车是载货部位的结构为拦板的载货汽车，不包括具有自动倾卸装置的载货汽车。普通货车具有拦板式车厢，可运载各种货物。根据货车可按其总质量分级：微型货车（如图 1-10 所示）——总重量小于 1.8t、轻型货车（如图 1-11 所示）——总重量为 1.8～6t、中型货车（如图 1-12 所示）——总重量为 6～14t、重型货车（如图 1-13 所示）——总重量大于 14t。

图 1-10 微型货车

图 1-11 轻型货车

图 1-12 中型货车

图 1-13 重型货车

（二）厢式货车

厢式货车（如图 1-14 所示）是指载货部位的结构为封闭厢体且与驾驶室各自独立的载货汽车。厢式货车主要用于全密封运输各种物品，特殊种类的厢式货车还可以运输化学危险物品 。厢式货车比普通货车更加安全，更加美观，下雨时不会淋湿货物。

（三）自卸货车

自卸货车（如图 1-15 所示）是指载货部位具有自动倾卸装置的载货汽车。它可以配合其他物流设备进行土方、砂石等散料的装卸运输工作。

图 1-14 厢式货车

图 1-15 自卸货车

（四）专用载货汽车

专用载货汽车是指专门运送特定种类货物的汽车，如冷藏车（如图 1-16 所示）、畜禽运输车（如图 1-17 所示）、混凝土搅拌车（如图 1-18 所示）、罐车（如图 1-19 所示）等。

图 1-16　冷藏车

图 1-17　畜禽运输车

图 1-18　混凝土搅拌车

图 1-19　罐车

（五）牵引车和挂车

牵引车（如图 1-20 所示）是一种有动力而无装载空间的车辆，挂车则是无动力但有装载空间的车辆，挂车分为全挂车（如图 1-21 所示）和半挂车（图 1-22）两种。牵引车和挂车，两者结合组成车组，是长距离运输集装箱的车辆。

图 1-20　牵引车

图 1-21　全挂车

图 1-22　半挂车

任务二　认识和选择铁路运输设施与设备

【小测试】　根据货物制作铁路车辆模型，并完成表1-3的填写。

将班级分为 8 小组，根据抽签到的货物种类（按照表 1-3 的货物种类），利用卡纸、筷子、塑料瓶等工具，完成铁路车辆模型的制作，由老师提供的火车机车，小组组长共同讨论并完成车辆的编组作业。根据全班同学完成的模型，填写表 1-3。

表 1-3　车辆编组作业

序号	货物种类	车辆
1	矿石	
2	260t 长钢轨	
3	农药	
4	冰鲜鱼	
5	汽油	
6	贵重仪器	
7	钢材	
8	活牛	

【知识链接】

一、铁路运输设施与设备概述

铁路运输设施主要包括铁路线路、火车站和信号设备，铁路运输设备主要包括机车、车辆。

二、铁路运输设施

（一）铁路线路

1.铁路线路的定义

铁路线路是指在路基上铺设轨道，供机车车辆和列车运行的土工构筑物，是铁路固定基础设施的主体。

2.铁路线路的分类

铁路线路按年货运量分类表如表 1-4 所示。

表 1-4 铁路线路按年货运量分类表

铁路线路	特点
Ⅰ级铁路	在铁路网中起骨干作用，远期年客货运量大于或等于 20 Mt
Ⅱ级铁路	在铁路网中起骨干或联络、辅助作用，远期年客货运量大于或等于 10 Mt、小于 20 Mt
Ⅲ级铁路	为某一区域服务，具有地区运输性质，远期年客货运量小于 10 Mt

3. 铁路线路的结构

铁路线路包括铁路路基、桥隧建筑物和铁路轨道三个部分。铁路路基是承受并传递轨道重力及列车动态作用的结构，是轨道的基础，是保证列车运行的重要建筑物。桥隧建筑物是桥梁、隧道、涵洞、明渠、天桥、地道、跨线桥、调节河流建筑物等的总称。铁路轨道简称路轨、铁轨、轨道等，主要用于铁路上，并与转辙器合作，令火车无须转向便能行走。铁路轨道通常由两条平行的钢轨组成，钢轨固定放在轨枕上，轨枕之下为路碴。由轨撑、扣件、压轨器、道夹板、弹条、铁路道钉等铁路配件紧固。世界上多数铁路采用的标准轨距为1435mm。较此尺寸窄的称为窄轨铁路，较此尺寸宽的称为宽轨铁路。

（二）火车站

火车站又称铁路车站，在运输中是指是从事铁路货运运输业务和列车作业的处所。火车站根据列车作业的性质分类表如表 1-5 所示。

表 1-5 火车站根据列车作业的性质分类表

火车站	主要任务
编组站	根据列车编组计划的要求，大量办理货物列车的解体和编组作业
区段站	改编区段到发的车流，为邻接的铁路区段供应机车，或更换货运机车及乘务员，为无改中转列车办理规定的技术作业，办理一定数量的列车编解作业和客货运业务
中间站	为沿线城乡人民及工农业生产服务，提高铁路区段通过能力，保证行车安全
越行站	设在双线铁路上，主要办理同方向列车的越行业务
会让站	主要办理列车的到发和会让，也会办理少量的客货运业务

（三）信号设备

铁路线路的信号设备是指以标志物、灯具、仪表和音响等向铁路行车人员传送机车车辆运行条件、行车设备状态和行车有关指示的技术与设备。

铁路信号设备可分为三大类：一是信号机，铁路信号机按结构可分为臂板信号机和色灯信号机；按设置场所和用途可分为进站信号机、出站信号机、通过信号机、进路信号机、遮断信号机、防护信号机、预告信号机、驼峰信号机、复示信号机、调车信号机等；二是标志，主要有预告标、站界标、警冲标、鸣笛标、作业标、减速地点标及机车停止位置标等；三是表示器，以表示某些与行车有关设备的位置和状态，或表示信号显示的某些附加意义，主要有发车表示器、发车线路表示器、进路表示器、调车表示器、道岔表示器等。

三、铁路运输设备

（一）机车

机车就是火车头，机车是牵引或推送铁路车辆运行的自推进车辆。机车可以分为蒸汽机车（如图 1-23 所示）、内燃机车（如图 1-24 所示）和电力机车（如图 1-25 所示）。目前，我国铁路运输的新主力是电力机车。

图 1-23　蒸汽机车

图 1-24　内燃机车

图 1-25　电力机车

（二）货车车辆

铁路货车车辆是运送旅客和货物的工具。铁路货车车辆按其用途不同，可分为通用货车车辆和专用货车车辆。

1. 通用货车车辆

通用货车车辆是装运普通货物的车辆，货物类型多不固定，也无特殊要求。铁路货车中，这类货车占的比重较大，有敞车、平车、棚车、保温车和罐车等。

（1）敞车

所谓敞车（如图 1-26 所示）是指具有端壁、侧壁、地板但是没有车顶的铁路货车车辆，主要用于运送煤炭、矿石、矿建物资、木材、钢材等大宗货物用，也可用于运送重量不大的机械设备。在装运的货物上覆盖防水帆布或其他苫盖物后，可以代替棚车承运怕雨淋的货物。

（2）平车

平车（如图 1-27 所示），是铁路运输中大量使用的通用车型，它的特点是没有车顶和车厢挡板。这种车体自重较小，装运吨位可相应提高，而且因为没有车厢挡板的制约，装卸较方便，必要时可装运超宽、超长的货物。平车主要用于装运大型机械、集装箱、钢材、大型建材等。

图 1-26 敞车

图 1-27 平车

（3）棚车

棚车（如图 1-28 所示）是一种有侧壁、端壁、地板和车顶，在侧壁上开有滑门和通风窗的铁路货车车辆，主要用于装运贵重和怕日晒雨淋的货物。

（4）保温车

保温车（又叫冷藏车）（如图 1-29 所示）是指车体装有隔热材料，车内设有冷却装置、加温装置、测温装置和通风装置的具有制冷、保温和加温三种性能的铁路货车车辆，主要用于运送鱼、肉、鲜果、蔬菜等易腐货物。

图 1-28 棚车

图 1-29 保温车

（5）罐车

罐车（如图 1-30 所示）是指车型多为横卧圆筒形，或立置筒形、槽形、漏斗形的用于装运气、液、粉等货物的铁路货车车辆。罐车主要用于运送汽油、原油、各种粘油、食用油、液氮、液氯、水、水泥、氧化铝粉等货物。

图 1-30 罐车

2. 专用货车车辆

专用货车车辆一般指只运送一种或很少几种货物的车辆，其用途比较单一，大多以通用货车样式制造，同一种车辆要求装载的货物重量或外形尺寸比较统一。有时在铁路上的运营方式也比较特别，如固定编组、专列运行。专用货车一般有集装箱车、笨重长大货物车、毒品车、家畜车、水泥车、粮食车和特种车等。

（1）集装箱车

集装箱车（如图 1-31 所示）是指专门运载集装箱的铁路货车车辆。它是在在平车基础上发展出来的专用车型。

图 1-31　集装箱车

（2）笨重长大货物车

笨重长大货物车（如图 1-32 所示）是指专门运送特长和特重或体积庞大的货物的铁路货车车辆。它是在平车基础上发展出来的专用车型。大多数车辆长度在 19m 以上，一般载重量为 90t 及 90t 以上。

图 1-32　笨重长大货物车

（3）毒品车

毒品车（如图 1-33 所示）主要装运危险品第 8 类毒害品和第 9 类等其他毒害品的铁路货车车辆，比如农药、化肥等。它是在棚车的基础上发展起来的，以防止车体污染导致其他货物受污染而开设的专用车，顶棚上装有隔热顶板，外墙为黄色，有黑色骷髅头，隔热顶板涂以银灰色。

图 1-33　毒品车

（4）家畜车

家畜车（如图 1-34 所示）是指装运家畜和家禽的铁路货车车辆，比如猪、牛、羊、鸡、鸭、鹅等。家畜车是在棚车的基础上发展起来的，家畜车的侧壁是栅栏式的，大部分车设有给水装置和饲料架、通风设备，有些还设有排粪器。

图 1-34　家畜车

（5）水泥车

水泥车是专门用于装运散装水泥的铁路货车车辆，它是在罐车的基础上发展起来的。水泥车包括立罐式水泥车（如图 1-35 所示）和卧罐式水泥车（如图 1-36 所示），卸料方式有重力卸料、风动卸料和气动卸料三种类型。

图 1-35　立罐式水泥车

图 1-36　卧罐式水泥车

（6）粮食车

粮食车（如图 1-37 所示）是指装运散装粮食的铁路货车车辆，为了卸货方便，有的车体下部做成漏斗形的，它的端墙向内侧倾斜或者端面成大圆弧，车体下部装有漏斗，是全程封闭式列车，其装卸均采用机械化控制。

（7）特种车

特种车包括双支承平车（如图 1-38 所示）、凹底平车（如图 1-39 所示）、落下孔车（如图 1-40 所示）、钳夹式车（如图 1-41 所示）。双支撑平车适合装运圆柱形超长货物。凹底平车降低重心，适合装运超重货物。落下孔车适合装运直径特别大的重型机械，特别是很高、无法使用凹底平车的货物。钳夹式车适合装运体积特别庞大的超限货物。

图 1-37   粮食车

图 1-38   双支承平车

图 1-39   凹底平车

图 1-40   落下孔车

图 1-41   钳夹式车

任务三   认识和选择水路运输设施与设备

【小测试】   根据货物来连线对应船舶类型。

货物	船舶
集装箱	杂货船
矿砂	散货船
载货汽车	液货船
箱装货物	集装箱船
冰鲜鸡肉	滚装船
驳船	冷藏船
原油	载驳船

一、水路运输设施与设备概述

水路运输设施主要包括港口、航道以及其他服务设施。水路运输设备主要有船舶。

二、水路运输设施

（一）港口

1.港口的定义

港口是指位于河、海，湖，水库沿岸，有水陆城及各种设施，是供泊船进出停泊装卸货物集散的地方。

2.港口的构成

港口由水域和陆域两大部分组成（如图 1-42 所示）。

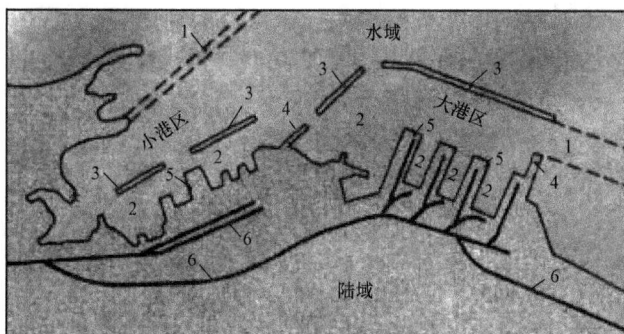

1—进港航道；2—港内锚地；3—防波堤；4—突堤；5—码头；6—铁路
图 1-42　港口平面图

水域是供船舶进出港，以及在港内运转、锚泊和装卸作业使用的，因此要求它有足够的水深和面积，水面基本平静，流速和缓，以便船舶安全操作。

陆域是供旅客上下船，以及货物的装卸、堆存和转运使用的，因此陆域必须有适当的高程、岸线长度和纵深，以便在这里安置装卸设备、仓库和堆场、铁路、公路，以及各种必要的生产、生活设施等。港口组成表如表 1-6 所示。

表 1-6　港口组成表

所属港口区域	分类	特点
港口水域	进港航道	进港航道要保证船舶安全方便地进出港口，必须有足够的深度和宽度、适当的位置、方向和弯道曲率半径，避免强烈的横风、横流和严重淤积，尽量降低航道的开辟和维护费用
	锚泊地	锚泊地指有天然掩护或人工掩护条件能抵御强风浪的水域，船舶可在此锚泊、等待靠泊码头或离开港口
	港池	港池指直接和港口陆域毗连，供船舶靠离码头、临时停舶和调头的水域
港口陆域	进港陆上通道（铁路、道路等）	货物在港口的集散除了充分利用水路外，主要依靠陆路交通，因此铁路和公路系统是港口陆域上的重要设施

续表

所属港口区域	分类	特点
港口陆域	码头前方装卸作业区	前方装卸作业区供分配货物，布置码头前沿铁路、道路、装卸机械设备和快速周转货物的仓库或堆场（前方库场）及候船大厅等之用
	港口后方区	供布置港内铁路、道路、较长时间堆存货物的仓库或堆场（后方库场）、港口附属设施（车库、停车场、机具修理车间、工具房、变电站、消防站等）以及行政、服务房屋等

（二）航道

航道是指沿海、江河、湖泊、运河内船舶、排筏可以通航的水域。航道由可通航水域、助航设施和水域条件组成。航道的要求包括有足够的航道深度、有足够的航道宽度、有适宜的航道转弯半径、有合理的航道许可流速和有符合规定的水上外廓。由于航道只是水域的一部分，为了保证船舶安全方便地沿着航道行驶，就需用标志标示出航道的位置和范围，这种标志称为航标。航道分为天然航道和人工航道。

三、水路运输设备

船舶是航行或停泊在水域进行运输或其他作业的工具。物流企业主要使用货船。按照货船载运货物的不同，可以把货船分为以下几种。

（一）杂货船

杂货船（如图1-43所示）是装载一般包装、袋装、箱装和桶装的普通货物船。杂货船在运输船中占有较大的比重。杂货船的特点是吨位小、机动灵活、可自带起重设备、舱口舱内空间大、建造营运成本低。

（二）散货船

散货船（如图1-44所示）装运无包装的大宗货物，如煤炭、矿砂、木材、盐、水泥、牲畜、谷物等。可分为运煤船、矿砂船、散粮船、运木船和散装水泥船等散货船，有灵便型散货船、巴拿马型散货船、好望角型散货船和大湖型散货船四个等级。散货船具有单甲板，驾驶室和机舱布置在尾部，货舱口宽大；内底板与舷侧以向上倾斜的边板连接，便于货物向货舱中央集中，甲板下两舷与舱口处有倾斜的顶边舱以限制货物移动；有较多的压载水舱用于压载航行。

图1-43　杂货船

图1-44　散货船

（三）液货船

液货船（如图 1-45 所示）是指专门运载液态货物的船舶。它主要有油船、液体化学品船、液化气船；有通用型液货船、灵便型液货船、巴拿马型液货船、阿芙拉型液货船、苏伊士型液货船、VLCC 液货船、ULCC 液货船。其特点是载重量较大，除了有些是兼用型的液货船之外，其他的空驶率都较高，其船舶构造特殊，有的还需要专门设备。

图 1-45 液货船

（四）集装箱船

集装箱船（如图 1-46 所示）是以载运集装箱为主的运输船舶。其运货能力以吨位计算，或以装载的 20 英尺标准箱（TEU）或 40 英尺标准箱（FEU）的箱数表示。集装箱船可分为部分集装箱船、全集装箱船和可变换集装箱船三种。其特点是航速快，航行于固定航线上，利用港口专用设备进行快速装卸、减少货物的损耗和损失，保证运输质量。

图 1-46 集装箱船

（五）滚装船

滚装船（如图 1-47 所示）又称"开上开下"船，或称"滚上滚下"船，是利用运货车辆来载运货物的专用船舶，用牵引车牵引载有箱货或其他件货的半挂车或轮式托盘直接进出货舱装卸的运输船舶。其特点是船上设有活动跳板，载货拖车能直接开上开下。滚装船装卸快，适合于装运集装箱和大件货。

（六）载驳船

载驳船（如图 1-48 所示）又称子母船，是以载货驳船作为货运单元的货船。载驳船用于

图 1-47 滚装船

河海联运。目前较常用的载驳船主要有"拉希"型载驳船和"西比"型载驳船两种。载驳船的优点是，载运的货物在港口中转可以不用码头和堆场，装卸效率高，停泊时间短，便于河海联运。其缺点是造价高，需配备多套驳船以便周转，需要泊稳条件好的宽敞水域作业，并且适合货源比较稳定的江海直达运输。

图 1-48 载驳船

（七）冷藏船

冷藏船（如图 1-49 所示）是指专门装运处于冻结状态或某种低温条件下的鱼、肉、水果、蔬菜等易腐食品的专用运输船舶。冷藏船的特点是，货舱为冷藏舱，常隔成若干个舱室。舱壁、舱门均为气密，并覆盖有泡沫塑料、铝板聚合物等隔热材料，冷藏舱的上下层甲板之间或甲板和舱底之间的高度较其他货船的小，以防货物因堆积过高而压坏下层货物。

图 1-49 冷藏船

任务四　认识和选择航空运输设施与设备

【小测试】 折纸飞机，指出这飞机的结构，并尝试飞行。

老师下载网上折纸飞机的不同教程，打印出来，让学生分小组抽签不同的材质纸张完成折纸飞机，同时把飞机的机翼、机身、尾翼的名称标注在纸飞机上。然后进行纸飞机飞行大赛，说说决定飞机飞行的速度有哪些因素。

【知识链接】

一、航空运输设施与设备概述

航空运输设施主要包括由航空港和航路、航线、航班等构成的航空线网。航空运输设备主要是指通过空中运行实现客货运输的各种航空器，主要指飞机。

二、航空运输设施

（一）航空港

1.航空港的定义和组成

航空港是指位于航线上的、为保证航空运输和专业飞行作业用的机场及其有关建筑物和设施的总称，是空中交通网的基地，是保证飞机安全起降的基地和空运旅客、货物的集散地。航空港（如图1-50所示）包括飞行区、客货运输服务区和机务维修区三个部分。

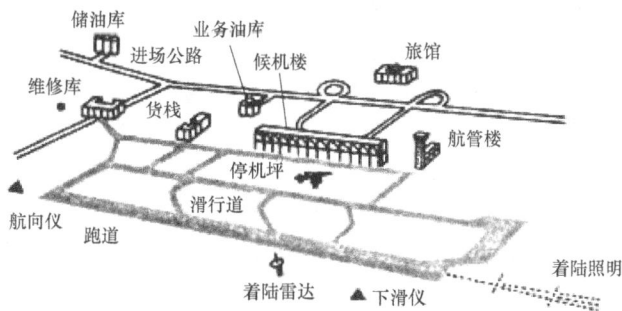

图 1-50　航空港平面图

飞行区是为飞机地面活动及停放提供适应飞机特性要求和保证运行安全的构筑物的统称，包括跑道及升降带、滑行道、停机坪、地面标志、灯光助航设施及排水系统。

客货运输服务区是为旅客、货主提供地面服务的区域。其主体是候机楼，此外还有客机坪、停车场、进出港道路系统等。货运量较大的航空港还专门设有货运站。客机坪附近配有管线加油系统。

机务维修区是飞机维护修理和航空港正常工作所必需的各种机务设施的区域。区内建有维修厂、维修机库、维修机坪和供水、供电、供热、供冷、下水等设施，以及消防站、急救站、储油库、铁路专用线等。

2. 航空港的类型

根据机场规模和旅客流量可将机场分为三种类型：枢纽国际机场、区域干线机场和支线机场。

枢纽国际机场是指在国家航空运输中占据核心地位的机场，这种机场无论是旅客的接送人数，还是货物吞吐量，在整个国家航空运输中都占有举足轻重的地位，其所在城市在国家经济社会中居于特别重要地位，是国家的政治经济中心或特大城市省会。例如，北京首都国际机场、上海浦东国际机场、广州白云国际机场等。

区域干线机场是指其所在城市是省会（自治区首府）、重要开放城市、旅游城市或其他经济较为发达城市、人口密集的城市，其旅客的接送人数、货物吞吐量相对较大。例如，南昌昌北国际机场、宜宾宗场国际机场等。

支线机场是指除上面两种类型以外的民航运输机场。虽然它们的运输量不大，但作为沟通全国航路或对某个城市地区的经济发展起着重要作用。例如，泸州蓝田机场、泉州晋江机场等。

（二）航空线网

航空线网由航线、航路组成。

1. 航线

飞机飞行的路线称为空中交通线，简称航线。飞机的航线不仅确定了飞机飞行的具体方向、起讫点和经停点，而且还根据空中交通管制的需要，规定了航线的宽度和飞行高度，以维护空中交通秩序，保证飞行安全。

按照飞机飞行的起讫点，航线可分为国际航线、国内航线和地区航线三大类。国际航线是指飞行路线连接两个或两个以上国家的航线；国内航线是指在一个国家内部的航线，它又可分为干线、支线和地方航线三大类；地区航线指在一国之内连接普通地区和特殊地区的航线，如中国内地与港、澳、台地区之间的航线。

另外，航线还可分为固定航线和临时航线，临时航线通常不得与航路、固定航线交叉或是通过飞行频繁的机场上空。

2. 航路

航路是根据地面导航系统建立的走廊式保护空域，供飞机做航线飞行之用，是多条航线公用的公共空中通道。它是由国家统一划定的具有一定宽度的空中通道。它有较完善的通信、导航设备，其宽度通常为 20km。划定航路的目的是维护空中交通秩序，提高空间利用率，保证飞行安全。航路对空间宽度、高度、层都做了规定，以维护空中交通秩序，保证飞行安全。

三、航空运输设备

航空运输设备是指执行航空运输任务的航空器，主要是指飞机。

（一）飞机的概念

飞机指具有机翼、一具或多具发动机的靠自身动力驱动前进，能在太空或者大气中飞行的自身密度大于空气的航空器。

（二）飞机的类型

（1）按机翼的数目，可分为单翼机（如图 1-51 所示）、双翼机（如图 1-52 所示）和多翼机（如图 1-53 所示）。

（2）按发动机的类型，可分为活塞式飞机、涡轮螺旋桨式飞机和喷气式飞机（如图 1-54～图 1-59 所示）。

图 1-51　单翼机

图 1-52　双翼机

图 1-53　多翼机

图 1-54　活塞式飞机

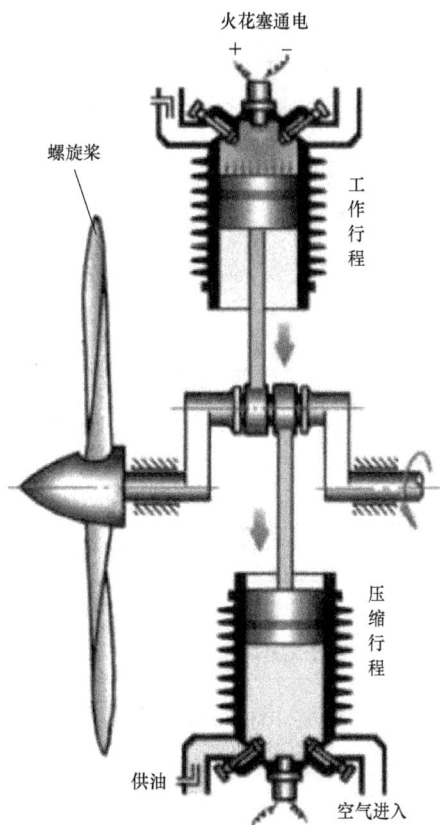
图 1-55　活塞式飞机的原理

图 1-56　涡轮螺旋桨式飞机

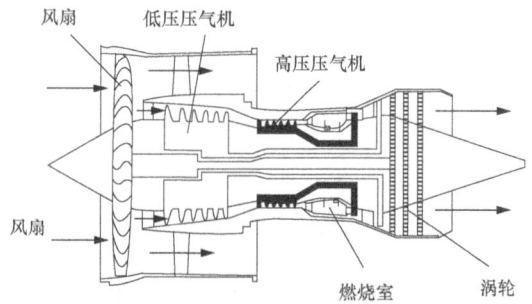

图 1-57　涡轮螺旋桨式飞机的原理

图 1-58　喷气式飞机

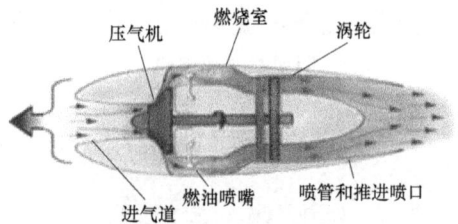

图 1-59　喷气式飞机的原理

（3）按飞机的航程，可分为近程飞机、中程飞机和远程飞机，如表 1-7 所示。

表 1-7　飞机按飞机的航程分类表

飞机的分类	特点
近程飞机	近程飞机的航程一般小于 1000km
中程飞机	中程飞机的航程为 3000km 左右
远程飞机	远程飞机的航程为 11000km 左右，可以完成中途不着陆的洲际跨洋飞行

（三）飞机的结构

　　飞机的结构如图 1-60 所示，其主要组成部分包括机翼、机身、尾翼、起落装置和动力装置等。

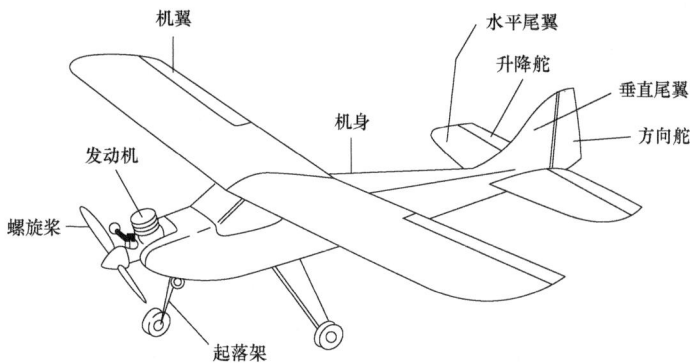

图 1-60 飞机的结构

1. 机翼

机翼（其结构如图 1-61 所示）的主要功能是产生升力，以支持飞机在空中飞行；同时也起一定的稳定和操纵作用；是飞机必不可少的部件。在机翼上一般安装有飞机的主操作舵面——副翼，还有辅助操纵机构襟翼、缝翼等。另外，机翼上还可安装发动机、起落架等飞机设备，机翼的主要内部空间经密封后，作为存储燃油的油箱之用。

2. 机身

机身（其结构如图 1-62 所示）的主要功能是装载乘员、旅客、武器、货物和各种设备，还可将飞机的其他部件（如尾翼、机翼及发动机等）连接成一个整体。

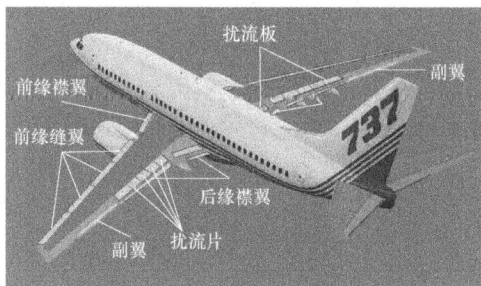

图 1-61 机翼结构

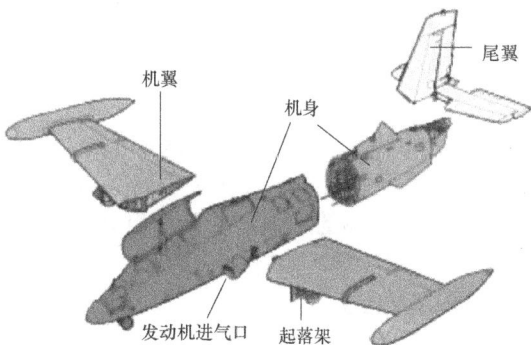

图 1-62 机身结构

3. 尾翼

尾翼（其结构如图 1-63 所示）包括水平尾翼（平尾）和垂直尾翼（垂尾）。水平尾翼由固定的水平安定面和可动的升降舵组成（某些型号的民用机和军用机的整个平尾都是可动的控制面，没有专门的升降舵）。垂直尾翼则包括固定的垂直安定面和可动的方向舵。尾翼的主要功能是用来操纵飞机俯仰和偏转，以及保证飞机平稳地飞行。

4. 起落装置

起落装置（其结构如图 1-64 所示）又称起落架，用来支撑飞机并使它能在地面和其他水平面起落和停放。陆上飞机的起落装置一般由减震支柱和机轮组成，此外还有专供水上飞机起降的带有浮筒装置的起落架和雪地起飞用的滑橇式起落架。它用于起飞与着陆滑跑、地面滑行和停放时支撑飞机。

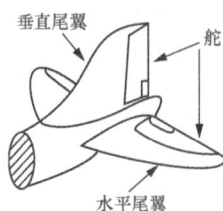

图 1-63　尾翼结构

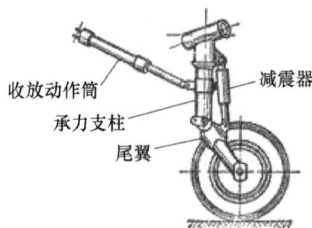

图 1-64　起落装置

5. 动力装置

动力装置主要用来产生拉力或推力，使飞机前进。另外，还可以为飞机上的用电设备提供电力，为空调设备等用气设备提供气源。现代飞机的动力装置主要包括涡轮发动机和活塞发动机两种。应用较广泛的动力装置有四种：航空活塞式发动机加螺旋桨推进器；涡轮喷射发动机；涡轮螺旋桨发动机；涡轮风扇发动机。

飞机除了上述五个主要部分之外，还装有各种仪表、通信设备、领航设备、安全设备和其他设备等。

任务五　认识和选择管道运输设施与设备

【小测试】　制作吸管实验，讨论管道运输的原理。

老师提供一瓶矿泉水、15 根吸管，派出学生代表，将吸管串起来，然后尝试用长吸管喝水。

（1）分组讨论，如果想更快更好地喝水，该如何做？

（2）老师用气泵往矿泉水瓶里泵气，继续让学生代表尝试用长吸管喝水，问问他的感受，分组讨论管道运输的原理，并分小组分享看法。

【知识链接】

一、管道运输设施与设备概述

管道运输设施和设备（如图 1-65 所示）包括管线和管线上的各个站点。

二、管道运输设施与设备

（一）管线

管线是指通过各种连接形式将多根管连接成管系，起到传递粉状、液体或气体物质的作用。管线包括管道、沿线阀室、穿越设备、管道防腐保护措施、供电和通信设施等。根据运输介质，分为输油管线、输气管线和输送固体料浆的管线。

（二）站点

管道站点是为实现管道运输而建立的各种作业站场。按其作用又可分为增压站（又称

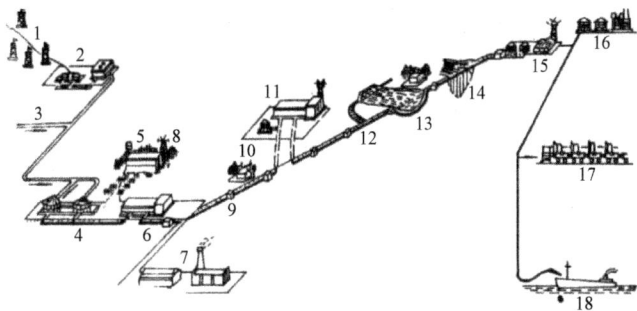

1—井场；2—输油站；3—来自油田的输油管；4—首站罐区和泵房；5—全线调度中心；
6—清管器发放室；7—首站锅炉房；8—微波通信塔；9—线路阀室；10—维修人员住所；
11—中间输油站；12—穿越铁路；13—穿越河流；14—跨越工程；15—车站；16—炼油
厂；17—火车装油线桥；18—油轮码头

图 1-65 管道运输设施和设备

泵站）、加热站、热泵站、分输站和减压站等。根据输油站所处的位置，管道站点的分类如
表 1-8 所示。

表 1-8 站点按输油站所处的位置分类表

站点	位置	作用
首站	管道运输的起点	汇集货物，并经计量、加压（或加热）后输往下一站
中间站	位于输油管道沿线的输油站	中间输油站的功能：有的是只给油品加压的泵站，有的是只给油品加热的加热站，有的是既加压又加热的热泵站
末站	位于管道末端	接收管道输送的货物，将合格的货物输送给收油单位或改换运输方式，如铁路、公路或水路运输

小结

（1）公路运输的设施设备包括_____、_____、
_____。

（2）铁路运输的设施设备包括_____、_____
_____、_____。

（3）水路运输的设施设备包括_____、_____
_____。

（4）航空运输的设施设备包括_____
_____。

（5）管道运输的设施设备包括_____、_____。

练习与自测

1. 单选题

（1）下面车辆是有动力没有装载空间的是（   ）。

　　A. 厢式货车　　　　B. 牵引车　　　　　C. 挂车　　　　　　D. 罐车

（2）目前，我国铁路运输的新主力是（   ）。

　　A. 蒸汽机车　　　　B. 电力机车　　　　C. 内燃机车　　　　D. 太阳能机车

（3）下面不属于港口水域的是（   ）。

A. 进港航道　　　　B. 进港陆上通道　　　C. 锚泊地　　　　D. 港池

（4）以下飞机的航程一般小于 1000km 的是（　　　）。

A. 近程飞机　　　　B. 中程飞机　　　　C. 远程飞机　　　　D. 多翼机

（5）不属于站点，根据输油站所处的位置的有（　　　）。

A. 加热站　　　　B. 首站　　　　C. 末站　　　　D. 中间站

2. 判断题

（1）一级公路是控制出入口的干线公路。（　　　）

（2）铁路线路包括铁路路基、火车站和铁路轨道三部分。（　　　）

（3）航道都是天然的。（　　　）

（4）飞机的主要组成部分包括机翼、机身、尾翼、起落装置和动力装置。（　　　）

（5）管线可以运送箱装货物、液体或气体物质。（　　　）

3. 看图填空题（根据图片写出设备的名称）

仓储设施与设备

【教学目标】

教学目标：认知仓储设施与设备。

能力目标：能够根据不同的货物选择不同的仓库类型；能够根据存储货物的特点选择相应货架。

情感目标：培养学生的沟通表达能力、团队合作精神、积极思考的态度。

【引入案例】

××物流公司派小红去处理某电子商务有限公司货物存放的问题。最近，仓库频频出现各类问题，造成较大的经济损失。于是，公司叫小红重新规划仓库，做出新的设施设备更新方案，为了更好地把仓储体系建好，小红积极投入学习仓储设施和设备中。

【知识导航】

1. 仓储设施与设备的定义

仓储设施主要指用于仓储的建筑物，主要是仓库，它由仓库的主体建筑、辅助建筑和附属设施组成。

仓储设备是指仓储业务过程中所需的所有技术装置与机具，即仓库进行生产作业或辅助生产作业以及保证仓库及作业安全所必需的各种机械设备的总称。

2. 仓库与货架的定义

仓库是保管和储存货物的建筑物和场所的总称，它是仓储管理活动的基本设施和仓储作业主要场所。

在仓储设备中，货架是指专门用于存放成件货品的保管设备。中华人民共和国国家标准物流术语（GB/T 18354—2006）对货架的定义是"用支架、隔板或托架组成的立体储存货物的设施"。

任务一　认识和选择仓储设施

【小测试】根据货物选择仓库。

现在有一批货物已经到达仓库门口，准备进仓储存，请根据货物的性质特点选择合适的仓库类型，请你把仓库的编号填进货物下面的□里。

（一）货物类型

托盘货物□

进口红酒□

冷鲜肉□

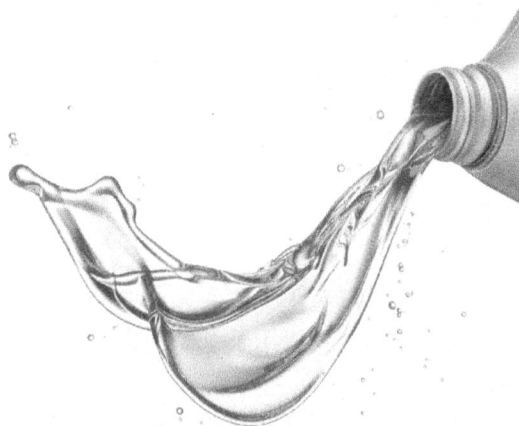

汽油□

木材□

氢氟酸□

（二）仓库类型与编号

保税仓库（编号：1）

立体仓库（编号：2）

露天堆场（编号：3）

冷藏仓库（编号：4）

危险品仓库（编号：5）

筒仓（编号：6）

【知识链接】

一、仓储设施概述

仓库是保管、储存物品的建筑物和场所的总称，仓储管理活动的基本设施，仓储作业主要场所。无论是生产领域还是流通领域都离不开仓库，它不仅是指用于存放货物，包括商品、生产资料、工具或其他财产以及对其数量和价值进行保管的场所或建筑物等设施，还包括用于防止或减少损伤货物而进行作业的土地或水面。

二、仓库的种类

仓库分类思维导图如图2-1所示。

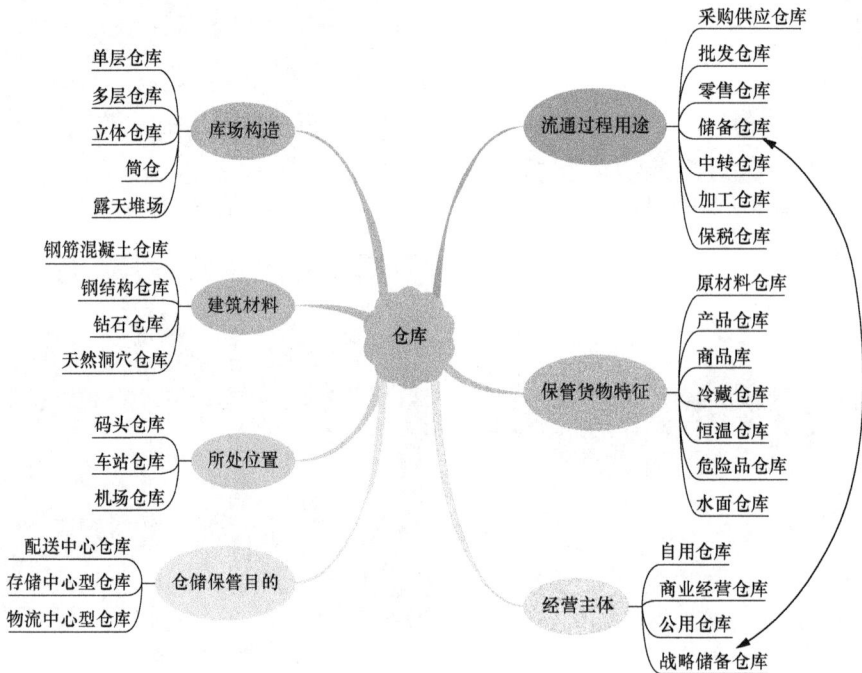

图 2-1　仓库分类思维导图

（一）按仓库流通过程用途来分类

仓库流通过程用途分类思维导图如图2-2所示。

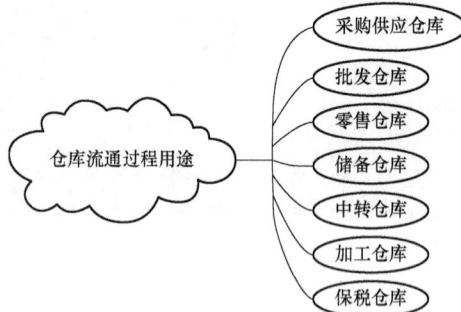

图 2-2　仓库流通过程用途分类思维导图

仓库按照它在商品流通过程中所起的作用，可以分为以下几种。

1. 采购供应仓库

采购供应仓库（如图2-3所示）主要用于集中储存从生产部门收购的和供国际间进出口

的商品。一般，这一类的仓库库场设在商品生产比较集中的大、中城市，或商品运输枢纽的所在地。

图 2-3　采购供应仓库

2. 批发仓库

批发仓库（如图 2-4 所示）主要是用于储存从采购供应库场调进或在当地收购的商品。这一类仓库一般靠近商品销售市场，其规模与采购供应仓库相比一般要小一些，它既从事批发供货，也从事拆零供货业务。

图 2-4　批发仓库

3. 零售仓库

零售仓库（如图 2-5 所示）主要用于为商品零售业做短期储货，一般是提供店面销售，零售仓库的规模较小，所储存物资周转快。

4. 储备仓库

储备仓库（如图 2-6 所示）一般由国家设置，以保管国家应急的储备物资和战备物资。货物在这类仓库中储存的时间一般比较长，并且储存的物资会定期更新，以保证物资质量。

5. 中转仓库

中转仓库（如图 2-7 所示）处于货物运输系统的中间环节，存放那些等待转运的货物，一般货物在此仅做临时停放。这一类仓库一般设置在公路、铁路的场站和水路运输的港口/码头附近，以方便货物在此等待装运。

6. 加工仓库

加工仓库（如图 2-8 所示）是指具有产品加工能力的仓库，其加工能力远不及工厂加工，

图 2-5　零售仓库

图 2-6　储备仓库

图 2-7　中转仓库

多为流通加工活动，根据需要施加包装、分割、计量、分拣、刷标志、拴标签、组装等简单作业，方便货物在流通环节中能更好地完成运输、储存、装卸搬运、信息处理等。

7. 保税仓库

保税仓库（如图 2-9 所示）是指应国际贸易的需要，设置在一国国土之上，但在海关关境以外的仓库。外国企业的货物可以免税进出这类仓库来办理海关申报手续，而且经过批准后，可以在保税仓库内对货物进行加工、存储等作业。

图 2-8 加工仓库

图 2-9 保税仓库

（二）按保管货物的特征分类（如图 2-10 所示）

仓库按照其保管货物的特征分析，可以分为以下几种。

1. 原材料仓库

原材料仓库（如图 2-11 所示）是指保管生产中使用的原材料仓库。这类仓库的规模一般较大，通常设有大型货场。

2. 产品仓库

产品仓库（如图 2-12 所示）是用来存放已经完成的、待销售的产品，但这些产品还没有进入流通区域。这种仓库一般是附属于产品生产工厂，多为工厂内部仓或工厂外包仓。

3. 商品仓库

商品仓库（如图 2-13 所示）是指保管流通过程中的商品仓库，并根据需要完成保管以外的作业（包装、装配、理货、配送等）。

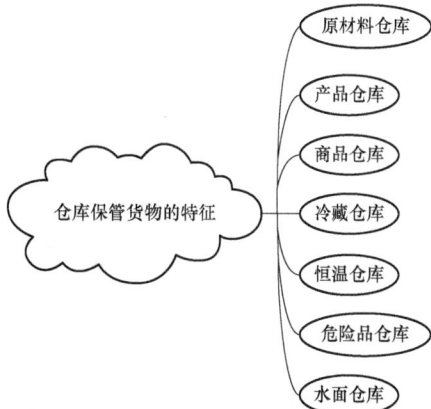

图 2-10 仓库保管货物的特征分类思维导图

4. 冷藏仓库

冷藏仓库（如图 2-14 所示）是指利用降温设施创造适宜的湿度和低温条件的仓库，又称冷库，是用来储存那些需要进行冷藏储存的货品的仓库。一般多是农副产品、药品、化妆品等对于储存温度有要求的货品。

图 2-11　原材料仓库

图 2-12　产品仓库

图 2-13　商品仓库

其中，根据不同温度可以划分成以下不同类型的仓库

（1）保鲜库，温度一般在 0℃～+5℃。主要用于鲜肉、乳品、鲜蛋、果蔬的保鲜。它使食品处于较低的温度，而温度又不低于 0℃，在这种情况下，食品可以尽可能地保持新鲜。

（2）冷藏库。温度一般在-10℃～-20℃。主要用于食品的冷藏，不定期地将部分食物放入冷库，同时又要不定期地将另一部分食品取出冷库，对食品的冷藏时间没有具体要求，且库温保持在-15℃～-18℃的范围。

图 2-14 冷藏仓库

（3）速冻库。库温一般在–30℃以下。主要用于食品的速冻，如速冻水饺、速冻蔬菜等，要求在限定时间内迅速将食品冻结。

（4）低温库。温度一般在–22℃～–25℃。主要用于库温在–22℃～–25℃时的食品储藏。只有在这个温度下，食品才不会变质。低温库的特点是不定期地逐步将食品放入冷库，经过一段时间，对这段时间内的库温没有特殊的要求，冷库的温度达到–25℃，待冷库内的温度稳定后，对冷库的温度要求十分严格。

5. 恒温仓库

恒温仓库（如图 2-15 所示）指能够调节温度并能保持某一温度的仓库。和冷藏仓库一样，也是用来储存对于储存温度有要求的产品，适用于对保管货物进行严格温度控制的食品、药品、化妆品等行业，以实现仓库不同区域不同温度的控制要求。规范合理、严格科学的温度控制是恒温库保证商品储藏质量的关键。恒温库的储存温度一般在＋8℃～＋15℃。

图 2-15 恒温仓库

6. 危险品仓库

危险品仓库（如图 2-16 所示）是存储和保管储存易燃、易爆、有毒、有害物资等危险品的场所。危险品一般分为 9 类（如图 2-17 所示）。第 1 类：爆炸品；第 2 类：易燃气体；第 3 类：易燃液体；第 4 类：易燃固体、易燃物品；第 5 类：氧化剂和有机过氧化物；第 6 类：有毒品；第 7 类：放射性物品；第 8 类：腐蚀品；第 9 类：杂类。根据隶属和使用性质，可以分为甲、乙两类：甲类是商业仓储业、交通运输业、物资管理部门的危险品库，乙类是企业自用的危险品库。其中，甲类危险品库储量大、品种多，所以危险性大。对危险品仓的储

图 2-16　危险品仓库

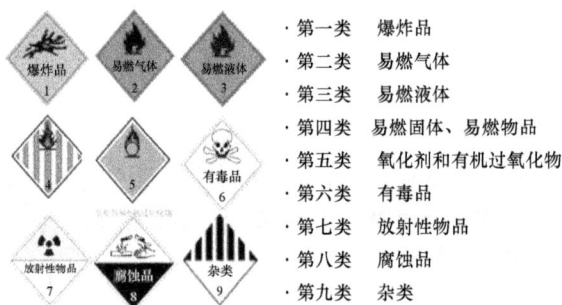

· 第一类　爆炸品
· 第二类　易燃气体
· 第三类　易燃液体
· 第四类　易燃固体、易燃物品
· 第五类　氧化剂和有机过氧化物
· 第六类　有毒品
· 第七类　放射性物品
· 第八类　腐蚀品
· 第九类　杂类

图 2-17　危险品分类

存都有专门特殊的要求。

7. 水面仓库

水面仓库（如图 2-18 所示）是指利用货物的特性以及宽阔的水面来保存货物的仓库，如利用水面保管圆木、竹排、船舶等。

图 2-18　水面仓库

（三）按照库场的构造分类（如图 2-19 所示）

仓库按照其库场的构造，可以分为以下几种。

1. 单层仓库

单层仓库（如图 2-20 所示）是最常见的，也是使用最广泛的一种仓库建筑类型。其主要特点是：

（1）设计简单，所需投资较少，但占用土地资源较多。

（2）由于仓库只有一层，因此在仓库内搬运、装卸货物比较方便。

（3）各种附属设备（例如通风设备、供水、供电等）的安装、使用和维护都比较方便。

（4）由于只有一层，仓库全部的地面承压能力都比较强。

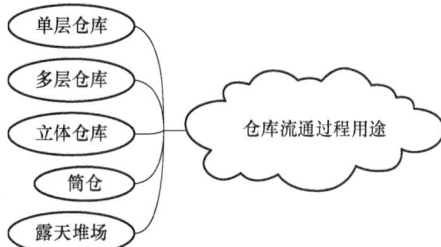

图 2-19　仓库库场构造分类思维导图

图 2-20　单层仓库

2. 多层仓库

多层仓库（如图 2-21 所示）一般占地面积较小，多建在人口稠密、土地使用价格较高的地区。由于是多层结构，因此多使用垂直输送设备来搬运货物。总结起来，多层仓库有以下几个特点：

图 2-21　多层仓库

（1）多层仓库可适用于各种不同的使用要求，例如，可以将办公室和库房分处两层，在整个仓库布局方面比较灵活。

（2）分层结构将库房和其他部门自然隔开，有利于库房的安全和防火。

（3）多层仓库作业需要的垂直运输重物技术已经日趋成熟。

（4）多层仓库一般建在靠近市区的地方，因为它的占地面积较小，建筑成本可以控制在有效范围内，所以，多层仓库一般经常用来储存城市日常用的高附加值的小型商品。

（5）多层仓库存在的问题是，建筑和使用中的维护费用较高，一般商品的存放成本较高。

3. 立体仓库

立体仓库（如图 2-22 所示）又被称为高架仓库，它也是一种单层仓库，但不同于一般的单层仓库。它利用高层货架来储存货物，而不是简单地将货物堆积在库房地面上。在立体仓库中，由于货架一般比较高，所以货物的存取需要采用与之配套的机械化、自动化设备。一般在存取设备自动化程度较高时，也将这样的仓库称为自动化仓库。

图 2-22 立体仓库

4. 筒仓

筒仓（如图 2-23 所示）就是用于存放散装的小颗粒或粉末状货物的封闭式仓库。一般，这种仓库被置于高架上，筒仓经常用来存储粮食、水泥、石油和化肥等。

图 2-23 筒仓

5. 露天堆场

露天堆场（如图 2-24 所示）是指在露天堆放货物的场所。它一般用于堆放大宗原材料或者不怕受潮的货物。根据所堆存散货的种类不同，地面的结构不完全相同，可以是沙土地面、混凝土地面等。

（四）按建筑材料的不同分类（如图 2-25 所示）

根据仓库使用建筑材料的不同，可以将仓库分以下几种。

图 2-24　露天堆场

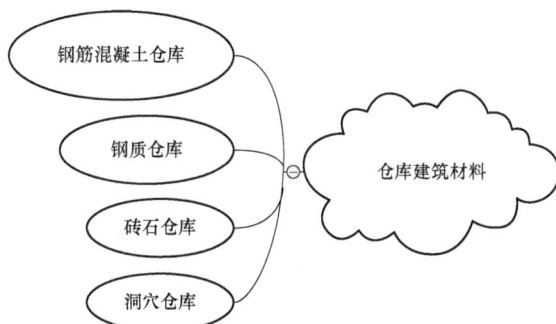

图 2-25　仓库建筑材料分类思维导图

1. 钢筋混凝土仓库

钢筋混凝土仓库（如图 2-26 所示）是指用钢筋和混凝土制成的结构。钢筋承受拉力，混凝土承受压力。承重的主要构件是用钢筋混凝土建造的。钢筋混凝土仓库是具有薄壳结构、大模板现浇结构，以及使用滑模、升板等建造的钢筋混凝土结构的建筑物。它具有坚固、耐久、防火性能好、比钢结构节省钢材等优点。

图 2-26　钢筋混凝土仓库

2. 钢质仓库

钢质仓库（如图 2-27 所示）指主要的承重构件是由钢材组成的。包括钢柱子、钢梁、钢结构基础、钢屋架（厂房的跨度比较大，现在基本都是钢结构屋架）、钢屋盖，钢结构的墙也可以采用砖墙维护。由于我国的钢产量增大，所以现在大量采用钢质仓库。钢质仓库分为轻

图 2-27   钢质仓库

型和重型两种。

钢质仓库的特点：（1）质量轻、强度高、跨度大；（2）施工工期短，相应降低投资成本；（3）防火性高、防腐蚀性强；（4）搬移方便，回收无污染。

3. 砖石仓库

砖石仓库（如图 2-28 所示）是指使用砖、石块、砌块及土坯等各种块体，以灰浆（砂浆、黏土浆等）砌筑而成的一种组合结构。砖石结构具有就地取材，造价低，耐火性、耐久性好以及施工简便易于普及等优点，但砌体强度较低，特别是抗拉、抗剪强度很低，抗震能力较差，砌筑劳动强度较大，不利于工业化施工等缺点。

图 2-28   砖石仓库

4. 洞穴仓库

洞穴仓库（如图 2-29 所示）分为天然洞穴与人工开凿洞穴，天然洞穴多为岩洞、山洞、窑洞等，人工开凿洞穴多为地下库。利用洞穴的天然条件，避免阳光直晒，常年温度与湿度保持较稳定水平。

（五）按仓库所处位置分类（如图 2-30 所示）

根据仓库的地理位置赋予仓库的特性进行分类，可以分为码头仓库、车站仓库、火车站仓库、机场仓库。

图 2-29　洞穴仓库

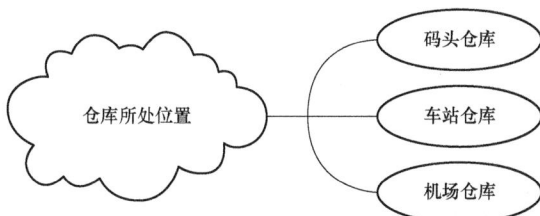

图 2-30　仓库所处位置分类思维导图

　　码头仓库（如图 2-31 所示）是指在港口为装卸和存储货物的建筑物的总称。车站仓库（如图 2-32 所示）是指货运站为装卸和存储货物的建筑物的总称。火车站仓库（如图 2-33 所示）是指在铁路货运站为装卸和存储货物的建筑物的总称。机场仓库（如图 2-34 所示）是指在机场为装卸和存储货物的建筑物的总称。这些仓库更像是一个大型仓库或仓库区，其基本功能类似于一个大仓库，同样包括装卸搬运、临时储存、分拣、配载、包装等基本功能。

图 2-31　码头仓库

图 2-32　车站仓库

图2-33　火车站仓库

图2-34　机场仓库

（六）按仓储保管目的分类

如图2-35所示，根据仓储保管目的分类，可以分为以下几类。

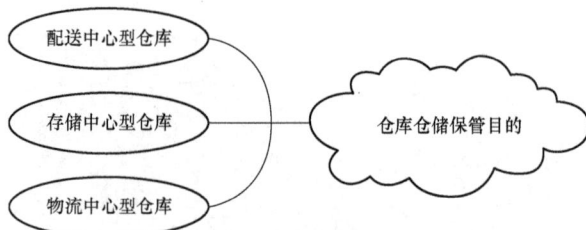

图2-35　仓库仓储保管目的分类思维导图

1.配送中心型仓库

配送中心型仓库（其透视图如图2-36所示）是指具有发货、配送和流通加工功能的仓库。在配送中心型仓库（如图2-37所示）内接收并处理末端用户的订货信息，对上游运来的多品种货物进行分拣，根据用户订货要求进行拣选、加工、组配等作业，并进行送货的设施和机构。配送中心型仓库是从供应者手中接受多种大量的货物，进行倒装、分类、保管、流通加工和情报处理等作业，然后按照众多需要者的订货要求备齐货物，以令人满意的服务水平进行配送的设施。

配送中心型仓库的位置处于物流的下游，一般储存物品的品种较多、存储周期短；为使零售店或最终客户不设库或少设库以及不设车队，具有强大的多客户、多品种、多频次少量的拣选和配送功能。

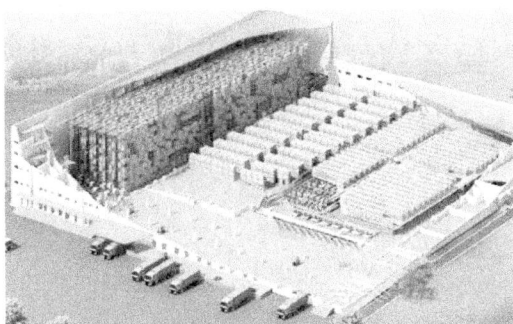

图 2-36　配送中心型仓库透视图

图 2-37　配送中心型仓库

2. 存储中心型仓库

存储中心型仓库（如图 2-38 所示）是以储存货物为主的仓库，是提供存储服务的仓库，存储的物资可能是原材料，也可能是中间品或成品。这类仓库的主要功能是在一段时间内存放各类物资。

图 2-38　存储中心型仓库

3. 物流中心型仓库

物流中心型仓库（其透视图如图 2-39 所示）是具有储存、发货、配送和流通加工功能的仓库。物流中心型仓库（如图 2-40 所示）的位置处于物流的中游，是制造厂仓库与配送中心的中间环节，一般离制造厂仓库与配送中心较远，为实现运输经济性，采用大容量汽车或铁路运输和少批次大量的出入库方式。

图 2-39　物流中心型仓库透视图

图 2-40　物流中心型仓库

（七）按仓库经营主体的分类（如图 2-41 所示）

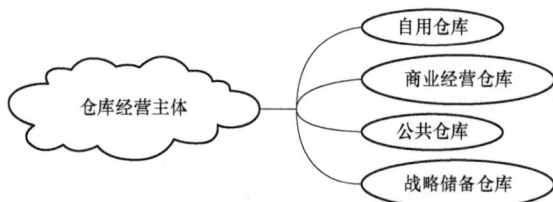

图 2-41　仓库经营主体分类思维导图

根据仓库经营主体的分类，可以分为以下几类。

1. 自用仓库

自用仓库（如图 2-42 所示）是指某个企业建立的供自己使用的仓库，这种仓库一般由企业自己进行管理。从物流角度，有人又将自用仓库称为第一方或第二方物流仓库。自用仓库不具备独立性，仅仅为企业生产经营活动服务。由于国内电子商务迅猛发展，国内众多电商企业纷纷建立自有仓储体系，使得自用仓库的功能多样化、专业化、规模化。

图 2-42　自用仓库

2. 商业经营仓库

商业经营仓库（如图 2-43 所示）向社会提供商业性仓储服务，与存货人通过仓储合同建立仓储关系，依据合同提供服务并且收取仓储费。这是一种专业从事仓储经营管理的、面向社会的、独立于其他企业的仓库。从物流角度，有人又将其称为第三方物流仓库。

图 2-43　商业经营仓库

3. 公共仓库

公共仓库（如图 2-44 所示）主要是公共事业的配套服务设施，主要为车站、码头、机场等提供相应的仓储配套服务。它能解决车站、码头、机场货物存放问题，具有内部服务性质，是从属于公共服务的仓库。对于存货人，公共仓库也适用于营业仓库管理，但不独立订立仓储合同。在符合某种规定的条件下，公共仓库具有免费限时使用性质。

图 2-44　公共仓库

4. 战略储备仓库

战略储备仓库（如图 2-45 所示）是指根据国防安全、应对重大自然灾害及社会稳定需要，

图 2-45　战略储备仓库

实行战略物资储备而设立的仓库。该仓库内的战略储备物资由国家政府整体控制，通过相关立法、行政命令等方式进行相关仓储操作活动。战略储备仓库主要存储能源、粮食、有色金属、淡水等。

任务二　认识和选择仓储设备

【小测试】　将左边的货物与右边的货架进行连线。

运输车辆马上要进入仓库卸车了，请根据货物的性质特点选择合适的货架，请将左边的货物与右边的货架进行连线。

货物类型	货架类型
钢材	移动式货架
档案文件	悬臂式货架
中药	阁楼式货架
罐装花生油	托盘式货架
五金	抽屉式货架
托盘货物	层架

【知识链接】

一、仓储设备概述

在仓储设备中，货架是指专门用于存放成件货品的保管设备。中华人民共和国国家标准物流术语（GB/T 18354—2006）对货架的定义是"用支架、隔板或托架组成的立体储存货物的设施"。

货架是一种低技术高制造的产品，其种类特别多，在仓储物流中几乎无处不在。随着企业对物流重视程度的不断提高，物流量的大幅度增加，物流设备市场需求不断上升，带动了货架行业的发展。仓库功能的改善以及管理水平的提高，不仅要求数量众多、功能完善的货架，而且要求货架与机械化、自动化相适应，因而根据需求选择货架也是企业必须考虑的问题。

货架在仓储过程中发挥着重要的作用，其作用如下：

1. 利用仓库空间

货架是一种架式结构物，使用货架可以充分利用仓库空间，从而提高仓库容量的利用率，扩大仓库的储存能力，这是货架最基本的作用。

2. 减少货物损失

货架能够让存入货架中的货物相互之间不挤压，减少货物的损耗，可完整保证货物本身的功能，减少货物的损失。

3. 存取方便

货物存取方便，便于清点及计量，可做到先进先出，百分之百的挑选能力，流畅的库存周转。

4. 保证存储货物的质量

通常采取防潮、防尘、防盗、防破坏等措施，来提高货物存储的质量。

5.有利于实现机械化及自动化管理，满足企业供应链管理需要

承重力大、不易变形、连接可靠、拆装容易，多样化。新型货架的结构及功能有利于实现仓库的机械化及自动化管理，从而为仓库的管理带来了非常大的帮助。满足现代化企业低成本、低损耗、高效率的物流供应链的管理需要。

二、货架的种类

（一）货架的分类

货架的种类多种多样，根据不同的划分方式，可以分为不同的类型，如图2-46所示。

1. 按货架发展形态分类（如图2-47所示）

货架可以分为传统式货架和新型货架。传统式货架包括层架、层格式货架、抽屉式货架、橱柜式货架、U形架、悬臂架、棚架、鞍架、气罐钢筒架、轮胎专用货架等。新型货架包括旋转式货架、移动式货架、装配式货架、调节式货架、托盘货架、进车式货架、高层货架、阁楼式货架、重力式货架、屏挂式货架、穿梭式货架等。

2. 按货架的制造材料分类（如图2-48所示）

货架可以分为钢制货架、钢筋混凝土货架、木制货架、钢木合制货架等。

3. 按货架结构分类（如图2-49所示）

货架可以分为层架、层格架、橱架、抽屉架、悬臂架、三脚架、栅型架等。

4. 按货架可移动性分类（如图2-50所示）

货架可以分为固定式货架、移动式货架、旋转式货架、组合货架、可调式货架、流动储存货架等。

5. 按货架高度分类（如图2-51所示）

货架可以分为低位货架（高度在5m以下）、高位货架（高度在5～12m）、超高位货架（高度在12m以上）等。

6. 按货架载重量分类（如图2-52所示）

货架可以分为重型货架（每层货架载重量在500kg以上）、中型货架（每层货架载重量200～500kg）、轻型货架（每层货架载重量在200kg以下）等。

7. 按货架与仓库的结构关系分类（如图2-53所示）

货架可以分为整体结构式（货架直接支撑仓库屋顶和围墙）、分体结构式（货架与建筑物分为两个独立系统）等。

8. 按货架构造分类（如图2-54所示）

货架可以分为组合可拆卸式货架、固定式货架等。组合式货架具有轻便、灵活、适用范围广等特点，固定式货架具有牢固、承载大、刚性好等特点。

9. 以存取作业方式分类（如图2-55所示）

货架可以分为以人工或叉车存取货架、以自动化设备配合存取货架、自动存取货架等。以人工或叉车存取货架包括托盘货架、驶入/驶出式货架、流动式货架、可移动式货架、积层式货架、悬臂式货架、窄道式货架、可携带式货架、后推式货架等；以自动化设备配合存取货架包括垂直旋转式货架、水平旋转式货架等；自动存取货架包括整体式自动仓库货架、分体式自动仓库货架等。

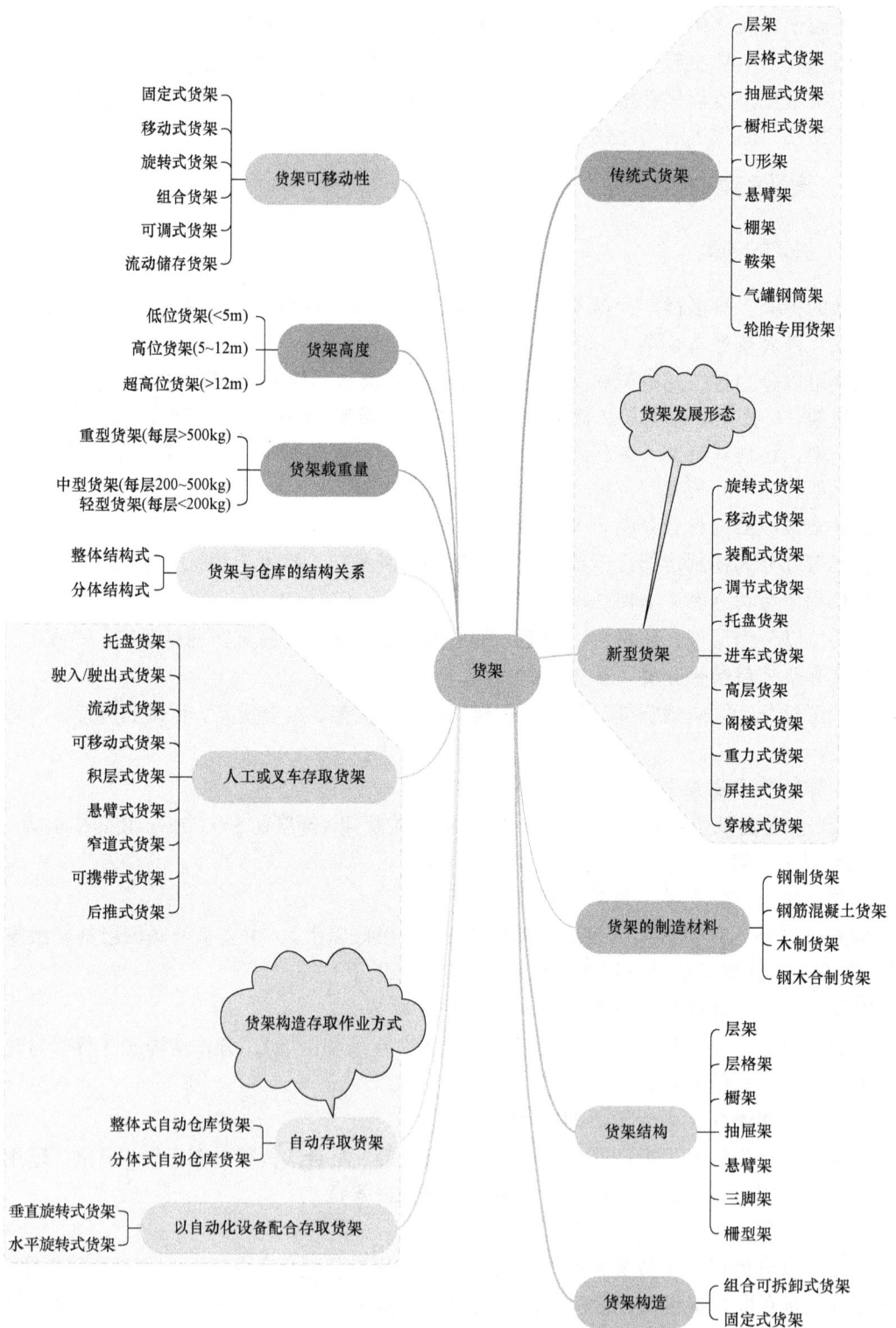

图 2-46　货架的分类思维导图

旋转式货架
移动式货架
装配式货架
调节式货架
托盘货架
进车式货架　　新型货架　　货架发展形态　　传统式货架
高层货架
阁楼式货架
重力式货架
屏挂式货架
穿梭式货架

层架
层格式货架
抽屉式货架
橱柜式货架
U形架
悬臂架
棚架
鞍架
气罐钢筒架
轮胎专用货架

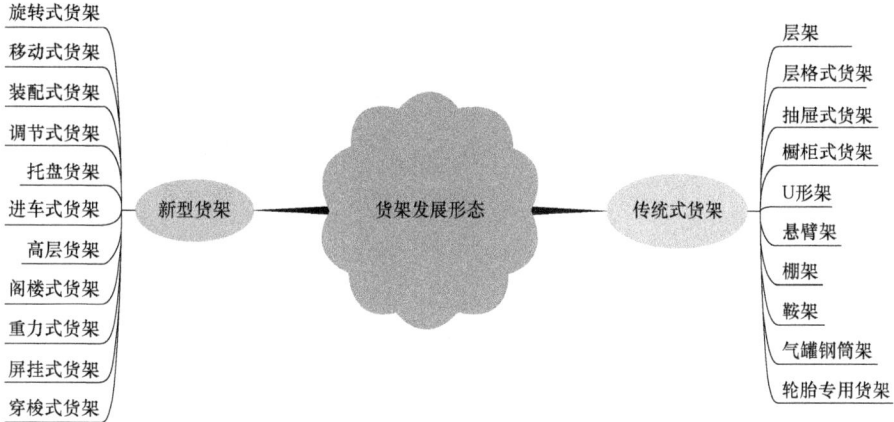

图 2-47　货架发展形态分类思维导图

钢木合制货架　　货架的制造材料　　钢制货架
木制货架　　　　　　　　　　　　钢筋混凝土货架

图 2-48　货架的制造材料分类思维导图

栅型架
三脚架　　货架结构
悬臂架

层架
层格架
橱架
抽屉架

图 2-49　货架结构分类思维导图

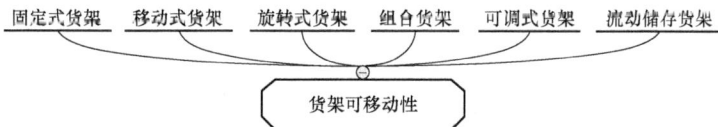

固定式货架　移动式货架　旋转式货架　组合货架　可调式货架　流动储存货架

货架可移动性

图 2-50　货架可移动性分类思维导图

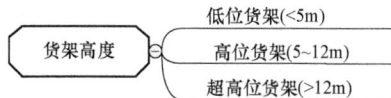

低位货架(<5m)
货架高度　高位货架(5~12m)
超高位货架(>12m)

图 2-51　货架高度分类思维导图

重型货架(每层>500kg)
货架载重量　中型货架(每层200~500kg)
轻型货架(每层<200kg)

图 2-52　货架载重量分类思维导图

整体结构式
货架与仓库的结构关系
分体结构式

图 2-53　货架与仓库的结构关系分类思维导图

图 2-54　货架构造分类思维导图

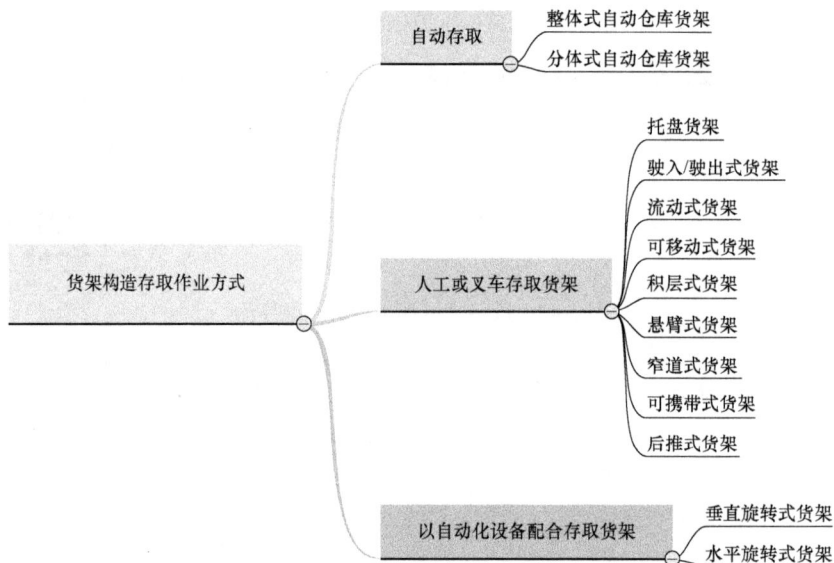

图 2-55　以存取作业方式分类思维导图

（二）常用货架

1. 层架

层架（如图 2-56 所示）（又名搁板式货架）由立柱、横梁、层板构成，层间用于存放货物。层架的应用非常广泛，按层架存放货物的重量分类，层架可以分为重型、中型和轻型；按其结构特点分类，层架有层格式、抽屉式等类型。

图 2-56　层架

（1）重型层架（如图 2-57 所示）又名重型搁板式货架。单元货架每层载重通常在 500～1500kg 之间，单元货架跨度一般在 3m 以内，深度在 1.2m 以内，高度不限，且通常与重型托盘式货架相结合、相并存，下面几层为搁板式，人工存取作业，高度在 2m 以上的部分通常为托盘式货架，使用叉车进行存取作业。重型层架主要用于一些既需要整托存取又需要零存零取的情况，在大型仓储式超市和物流中心较为多见。

图 2-57　重型层架

（2）中型层架（如图 2-58 所示）又名中型搁板式货架。单元货架每层载重量一般在 200～800kg 之间，总承载一般不大于 5000kg。单元货架跨度通常不大于 2.6m，深度不大于 1m，高度一般在 3m 以内。如果单元货架跨度在 2m 以内，层载在 500kg 以内，通常选无梁式中型搁板式货架较为适宜；如果单元货架跨度在 2m 以上，则一般只能选有梁式中型搁板式货架。

图 2-58　中型层架

（3）轻型层架（如图 2-59 所示）又名轻型搁板式货架。单元货架每层载重量不大 200kg，

图 2-59　轻型层架

总承载一般不大于 2000kg。单元货架跨度通常不大于 2m，深度不大于 1m（多为 0.6m 以内），高度在 3m 以内，常见为角钢式立柱货架结构，外观轻巧、漂亮，主要适用于存放轻、小物品。轻型层架的资金投入少，广泛用于电子、轻工、文教等行业。

（4）层格式层架（如图 2-60 所示）除了搁板之外，每层明晰分隔，成为独立的存储单元，多应用于分拣作业。

图 2-60　层格式层架

（5）抽屉式层架（如图 2-61 所示）为传统货架，存储单元多位单品，抽屉设计能较好分隔货物，防潮、防虫、防晒作用明显。

图 2-61　抽屉式层架

（6）层架的特点及用途。

① 中、重型层架一般采用固定式层架，坚固、结实，承载能力强，便于储存大件或中、重型货物，能够配合叉车等使用，而且能充分利用仓容面积，提高仓储能力。

② 轻型层架一般采用装配式，较灵活机动，结构简单，承载能力较差，适于人工存取轻型或小件货物，且存放货物数量有限，是人工作业仓库的主要储存设备。

③ 层格式货架每格原则上只能放一种货品，不易混淆，层间光线暗，存放数量少，主要用于规格复杂、多样，必须互相间隔开的货品。

④ 抽屉式货架主要用于存放中小型模具，通常每层承载量小于 500kg，重型抽屉式货架可用于存放特重型模具和货物，还可以存放比较贵重或怕尘土、怕湿的小件货品。

2. 托盘货架

（1）托盘货架结构

托盘货架（如图 2-62 所示）又俗称横梁式货架，或称货位式货架，通常为重型货架，在国内的各种仓储货架系统中最为常用。托盘货架（其结构图如图 2-63 所示）专门用于存放堆码在托盘上的货物。

图 2-62　托盘货架

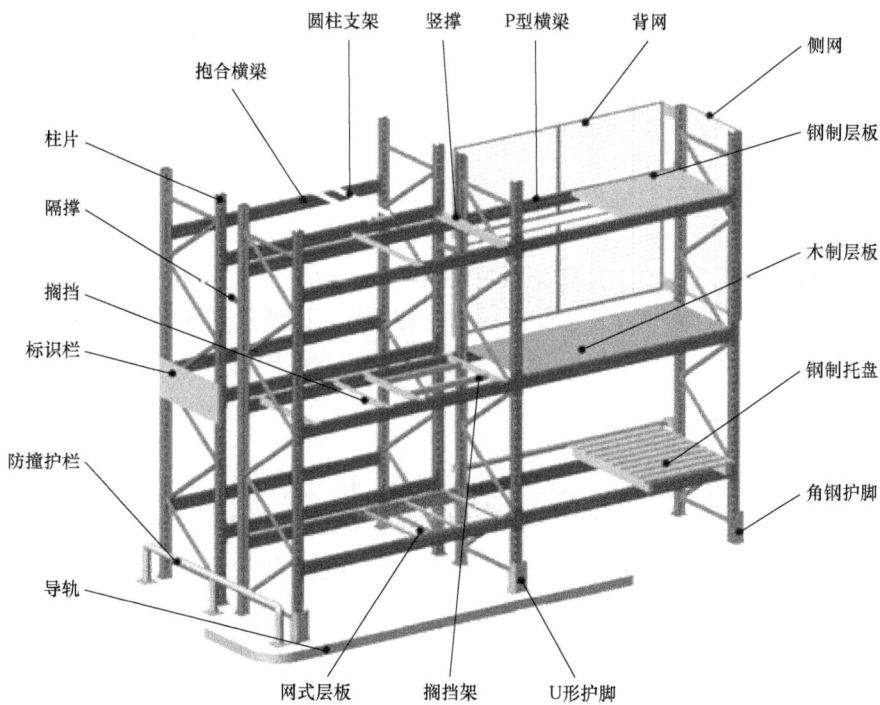

图 2-63　托盘货架结构图

托盘货架的基本形态与层架类似。目前多采用杆件组合，主要由柱片（立柱）、横梁组成。横梁式货架结构简洁、安全可靠。不仅拆迁容易，层间距还可依码货高度调整。通常总高度在 6m 以下，架底撑脚需要装叉车防撞装置。

托盘货架的材质多为钢材结构，也可采用钢筋混凝土结构。根据货架的排数可以分为单排型托盘货架（如图 2-64 所示）和双排型托盘货架（如图 2-65 所示）。

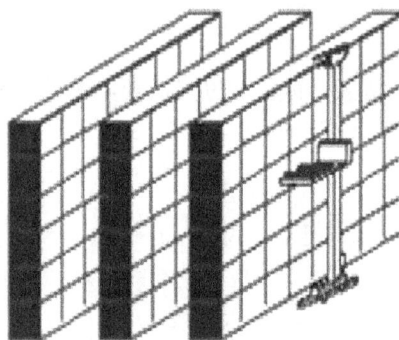

图 2-64　单排型托盘货架　　　　图 2-65　双排型托盘货架

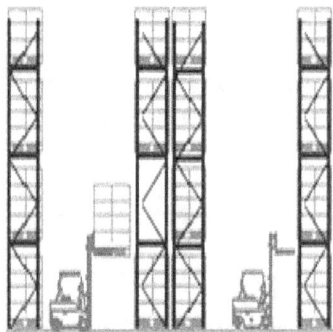

（2）托盘货架特点及用途

首先须进行集装单元化工作，即将货物包装及其重量等特性进行组盘，确定托盘的类型、规格、尺寸，以及单托载重量和堆高（单托货物重量一般在 2000kg 以内），然后由此确定单元货架的跨度、深度、层间距，根据仓库屋架下沿的有效高度和叉车的最大叉高决定货架的高度。

单元货架跨度一般在 4m 以内，深度在 1.5m 以内，低、高位仓库货架高度一般在 12m 以内，超高位仓库货架高度一般在 30m 以内（此类仓库基本为自动化仓库，货架总高由若干段 12m 以内立柱构成）。此类仓库中，低、高位仓库大多用前移式电瓶叉车、平衡重电瓶叉车、三向叉车进行存取作业，货架较矮时也可用电动堆高机，超高位仓库用堆垛机进行存取作业。

此种货架系统的托盘货架结构简单，可调整组合，安装简易，费用经济；出入库不受先后顺序的限制，可做到先进先出；储物形态为托盘装载货物，实现机械化存取作业；空间利用率高，存取灵活方便，辅以计算机管理或控制，基本能达到现代化物流系统的要求。这种货架广泛应用于制造业、第三方物流和配送中心等领域，既适用于多品种小批量物品，又适用于少品种大批量物品。此类货架在高位仓库和超高位仓库中应用最多（自动化仓库中，货架大多用此类货架）。

3. 贯通式货架

贯通式货架（如图 2-66 所示）又称通廊式货架、驶入式货架。贯通式货架可供叉车（或带货叉的无人搬运车）驶入通道存取货物，适用于品种少、批量大类型的货物储存。

贯通式货架除了靠近通道的货位外，由于叉车需要进入货架内部存取货物，通常单面取货建议不超过 7 个货位深度。为提高叉车运行速度，可根据实际需要选择配置导向轨道，与货位式货架相比，贯通式货架（驶入式货架）的库空间利用率可提高 30% 以上，贯通式货架（驶入式货架）广泛应用于批发、冷库及食品、烟草行业。贯通式货架根据驶入、驶出情况可以分为驶入式货架与驶入/驶出式货架。

（1）驶入式货架

驶入式货架（其结构图如图 2-67 所示）是指托盘的存放由里向外逐一存放，叉车存、取同一托盘时使用相同通道。通常采用钢制结构，钢柱上有向外伸出的水平突出构件或悬轨，叉车将托盘送入，由货架两边的悬轨托住托盘及货物。当架上没有放托盘货物时，货架正面便成了无横梁状态，这时就形成了若干通道，可方便叉车及人出入。该类货架的储

图 2-66 贯通式货架

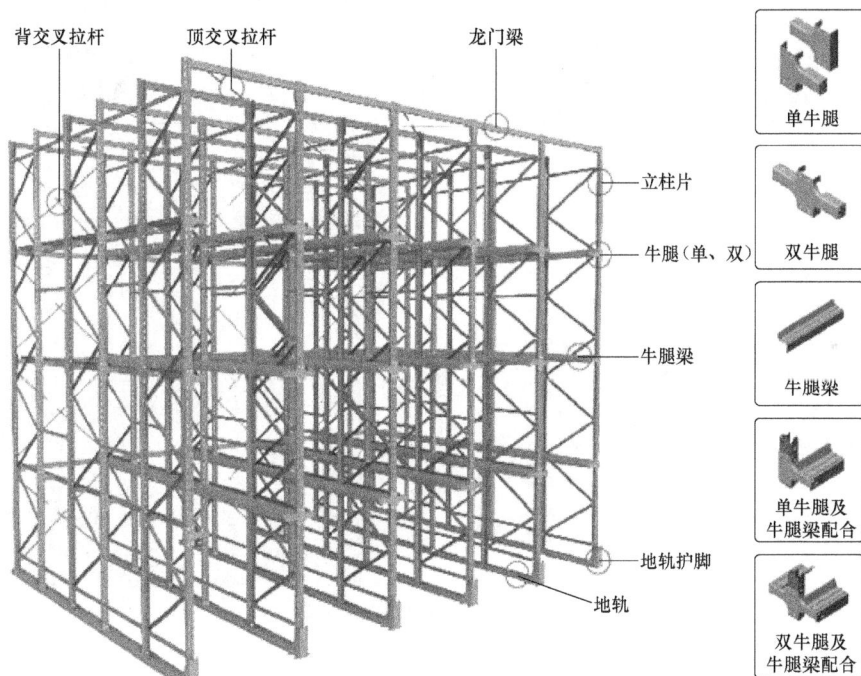

图 2-67 驶入式货架结构图

存密度高，但存取性差，不能做到先进先出。叉车在货架内行走，司机要小心作业，所以货架密度不能太高，以 4 层、3～5 列为宜。

驶入式货架的仓容利用率高，库容利用率可达 90%，但是此类货架对托盘质量和规格要求较高，托盘长度需在 1300mm 以上，且不保证先进先出；因此，仅适合于大批量少品种，对先进先出要求不高或批量存取、不受保管时间限制的货物存储。

（2）驶入/驶出式货架

其结构与驶入式货架相同，不同之处在于驶入/驶出式货架前后通道是通的，没有拉杆封闭。前后均可安排存取货，能够实现先进先出。此类货架的仓容利用率高，在高密度配置的情况下，高度可达 10m，库容利用率可以高达 90%以上，而且能够保证先进先出，只是对托盘质量和规格要求较高；此类货架适用于大批量少品种的配送中心使用，但不太适合太长或太重货品。

4.重力式货架

（1）重力式货架结构

重力式货架（其示例图如图 2-68 所示）又称流动式货架，分为托盘重力货架和箱式重力货架（流利货架）。重力式货架（其结构示例图如图 2-69 所示）由托盘式货架演变而成，采用辊子式轨道或底轮式托盘，轨道成一定坡度（30 °左右），利用货物的自重，实现货物的先进先出，货品顺滑道从高端向低端滑动，一边进另一边出，适用于大批量、同类货物的先进先出存储作业。也可制成滑轨、辊子或滚轮，以提高货品的运动性能。

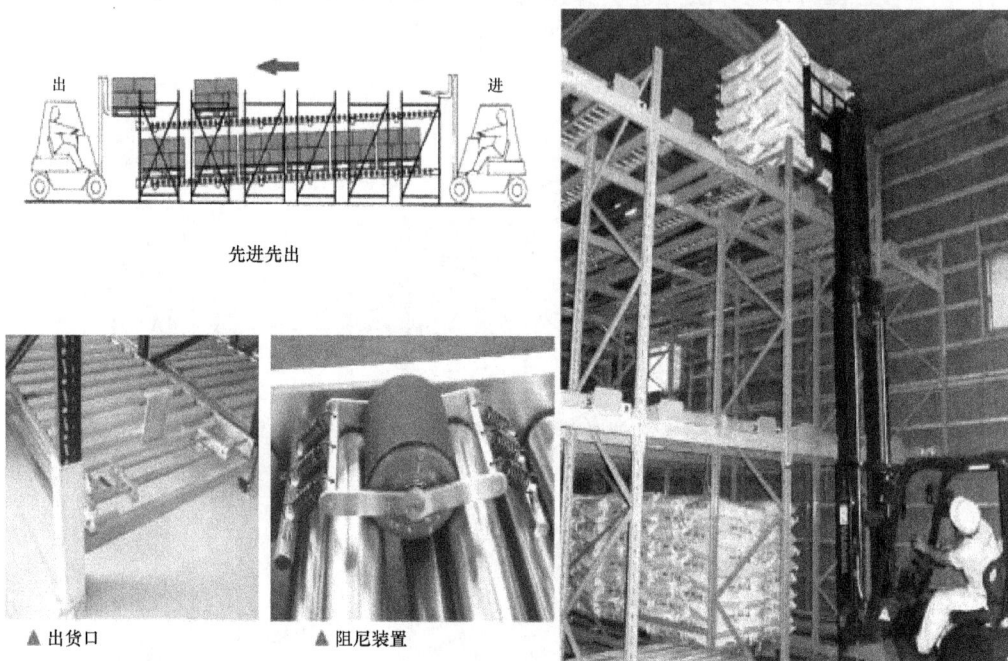

▲ 出货口　　　▲ 阻尼装置　　　先进先出

图 2-68　重力式货架示例图

（2）重力式货架的特点及用途

① 单位库房面积存储量大。重力式货架是密集型货架的一种，能够大规模密集存放货物，由于密集程度很高，减少了通道数量，可有效节约仓库的面积。由普通货架改为重力式货架后，仓库面积可节省近 50%。

② 固定了出入库位置，缩短了出入库工具的运行距离。采用普通货架出、入库时，搬运工具如叉车、作业车需要在通道中穿行，易出差错，且工具运行线路难以规划，运行距离也长，采用重力货架后，叉车运行距离可缩短 1/3。

③ 专业、高效、安全性高。重力式货架的拣货端与入货端分离，能提高作业效率和作业的安全性。

④ 保证货物先进先出。重力式货架能保证先进先出，并且方便拣货，作为分拣式货架

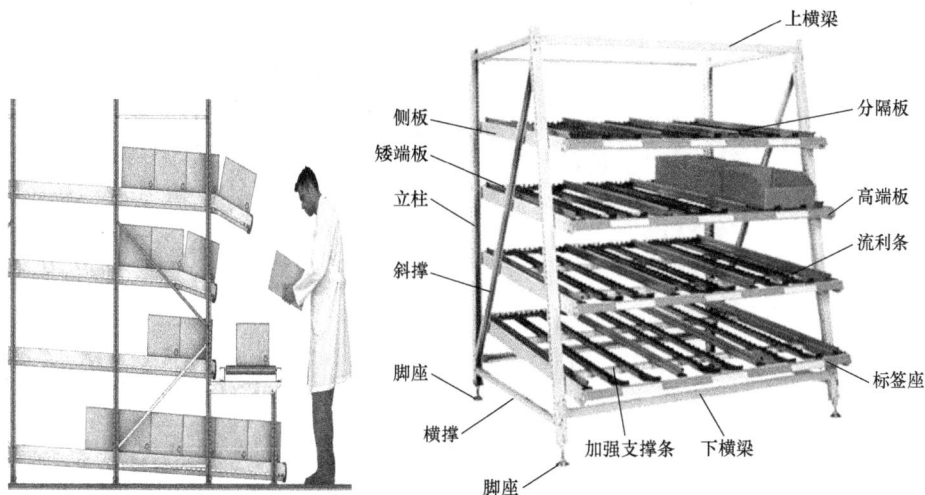

图 2-69 重力式货架结构示例图

应用于配送中心作业中。

⑤ 主要用于大批量少品种储存货物的存放或配送中心的拣选作业中。

⑥ 重力式货架的限制条件。货架不宜过高，一般在 6m 以内，单托货物重量一般在 1000kg 以内，否则其可靠性和可操作性会降低。为使下滑流畅，如坡道较长，应在中间加设阻尼装置，为使托盘货物下滑至底端时不致因冲击力过大而倾翻，应在坡道最低处设缓冲装置，因此设计、制造、安装难度较大，成本较高。此类货架系统目前在国内应用不是很多。

5. 阁楼式货架

阁楼式货架（其示意图如图 2-70 所示）是在已有的工作场地或货架上建一个中间阁楼，以增加存储空间，可做二、三层阁楼，宜存取一些轻泡及中小件货物，适于多品种大批量或多品种小批量货物，人工存取货物。货物通常由叉车、液压升降台或货梯送至二楼、三楼，再由轻型小车或液压托盘车送至某一位置。

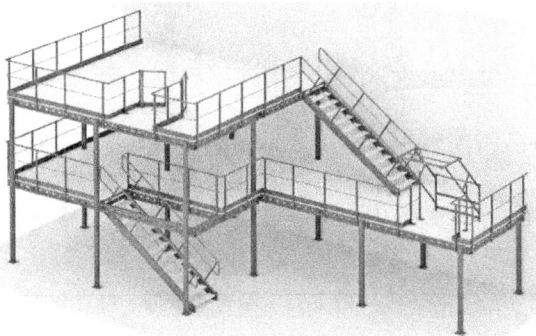

图 2-70 阁楼式货架示意图

近几年多使用冷轧型钢楼板，它具有承载能力强、整体性好、承载均匀性好、精度高、表面平整、易锁定等优势，有多种类型可选，并且易匹配照明系统，存取、管理适用于库房较高、货物较小、人工存取、储货量大的情况。阁楼式货架（如图 2-71 所示）的制作与安装

图 2-71   阁楼式货架

非常简单快捷，组装简单，不用螺丝，规格可以定做，多用托盘放货，使用方便，单元货架每层载重量通常在 800kg 以内，货物的形态最好是托盘、纸箱、包或散杂物等，是大中小企业选用储存置物货架的首选，在电子商务企业、汽车零部件领域、汽车 4S 店、轻工、电子等行业有较多应用。

6. 悬臂式货架

悬臂式货架（如图 2-72 所示）是在立柱上装设杆臂构成的，悬臂常用金属材料制造，其尺寸根据所存放物料的尺寸确定。为防止物料损伤，常在悬臂上加垫木质衬垫或橡胶带以起保护作用。

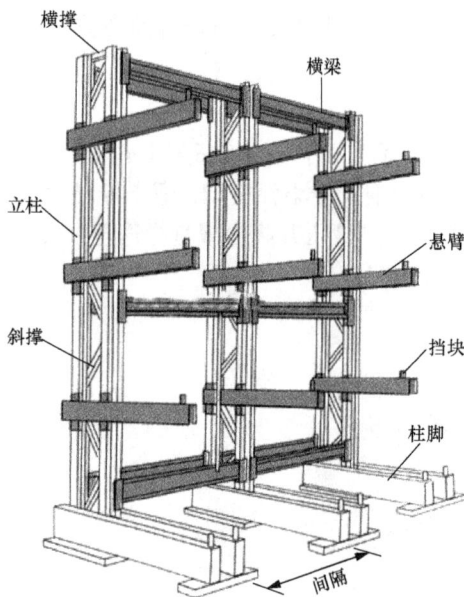

图 2-72   悬臂式货架

悬臂式货架适用于长形物料，如型材、管材、板材、线缆等和不规则物料的存放；适用于人力存取操作，不便于机械化作业；一般需要配合叉距较宽的搬运设备，如叉距较宽的侧面式叉车，因此货架高度通常在 2.5m 以内（如由叉车存取货则可高达 6m），悬臂长度在 1.5m 以内，每臂载重量通常在 500kg 以内。这使得仓库的空间利用率低，仅能利用 30%～50%。此类货架多用于机械制造行业和建材超市等。

7. 移动式货架

移动式货架（如图2-73所示）分为轻中型移动式货架和重型移动式货架两种。

（1）轻中型移动式货架（也称密集架）由轻、中型搁板式货架演变而成，仅需设一个通道（1m宽左右），密封性好，美观实用，安全可靠，是空间利用率最高的一种货架，分手动和电动两种类型。导轨可嵌入地面或安装于地面之上，货架底座沿导轨运行，货架安装于底座之上，通过链轮传动系统使每排货架轻松、平稳移动，分为手动和电动，货物由人工进行存取。为使货架系统运行中不致倾倒，通常设有防倾倒装置。主要用于档案馆、图书馆、银行、企业资料室、电子轻工等行业。

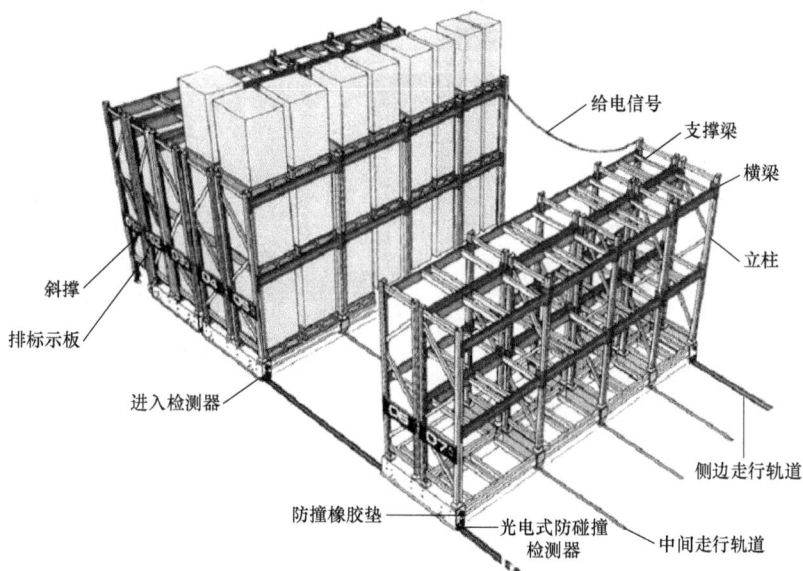

图 2-73 移动式货架

（2）重型移动式货架由重型托盘式货架演变而成，采用裸露式结构，仅需设 1~2 个通道，空间利用率极高。结构与轻中型移动式货架类似，区别在于重型移动式货架一定是电动式的，货物由叉车进行整托存取，通道通常为 3m 左右，主要用于一些仓库空间不是很大、要求最大限度地利用空间的场所，适用于机械制造等行业。

移动式货架减少了通道数，使地面使用率达到 80%，且存取方便，可先进先出，使用高度可达 12m，单位面积储存量可提升至普通货架的 2 倍左右。但是，移动式货架的机电装置多，建造成本高，维护困难；移动式货架主要适用于仓库面积有限但数量众多货物的存储。

8. 旋转式货架

旋转式货架为特殊的货架，其自动化程度要求较高，密封性要求高，安全性要求较高，适合轻小且昂贵的货物。单个货架系统规模较小，单体自动控制，独立性强，可等同于某种动力设备。其货架移动快速，速度可达 30m/h，存取货品的效率很高，又能依需求自动存取货品，且受高度限制少，可采用多层，故空间能被有效利用。此类货架的造价较高，主要用于存放贵重物品如刀具等的场所。

旋转式货架可以分为水平旋转式货架（如图 2-74 所示）和垂直旋转式货架（如图 2-75 所示）两种。

图 2-74 水平旋转式货架

图 2-75 垂直旋转式货架

（1）水平旋转式货架。水平旋转式货架分为一台电动机驱动和多台电动机驱动两种形式。一台电动机驱动形式是指可将连在一起的上下各货架层在水平方向旋转的自动仓库。多台电动机形式是指每层各有一台电动机，各层能够独立旋转的仓库。

（2）垂直旋转式货架。其原理与水平旋转式货架大致相同，只是旋转的方向与地面垂直，而取货的高度符合人体工程学，适合操作人员长时间作业。

旋转式货架有助于减少人力，可增加空间利用率，且存入、取出口固定，货品不易失窃，也可利用计算机快速检索、寻找指定的储位，适合快速的拣货作业。只是需要使用电源，且维修费用高。这使得旋转式货架的储物形态多为纸箱、包、小件货品。

9. 抽屉式货架

抽屉式货架（如图 2-76 所示）又称模具货架，由重型托盘式货架演变而成。抽屉式货架的组成（如图 2-77 所示），通常用于存放模具等重物，而现场又无合适的叉车可用。该货架采用组合装配、螺栓连接式货架结构，货架高度一般在 2.5m 以下，除顶层外的几层均可设计制作成抽屉式结构，安全可靠，可轻松抽出 2000kg/层的货物，辅之以行车或葫芦吊，轻松实现货物的存取作业。此类货架主要用于存放模具等特殊场所。

10. 穿梭式货架

穿梭式货架（如图 2-78 所示）是由货架、台车以及叉车组成的高密度储存系统，这种高效率的储存方式是为了提高仓库空间的利用率，为客户带来全新存储选择。叉车无须进入巷道，节省了时间，提高了人员及货物的安全性，库房内货物存取效率大幅度提高，充分利用库房空间，库房内可以利用 80%～85% 的空间；适合不同种类产品可以分层灵活

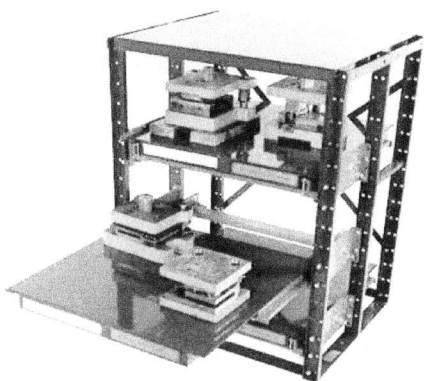

图 2-76　抽屉式货架

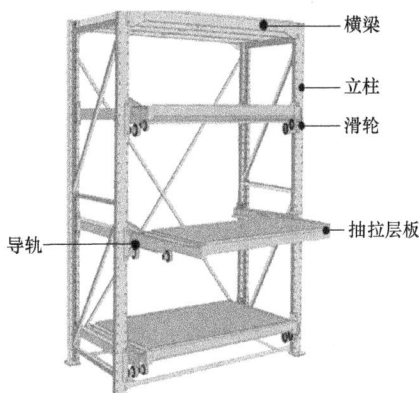

图 2-77　抽屉式货架的组成

横梁
立柱
滑轮
抽拉层板
导轨

存取叉车

穿梭式台车

图 2-78　穿梭式货架

存取；相比较驶入式货架、贯通式货架，其结构很稳固，安全系数高，可实现先进先出和先进后出。

三、认识自动化立体仓库

（一）自动化立体仓库的定义和构成

根据中华人民共和国国家标准《物流术语》GB/T 18354—2001 的定义：自动化立体仓库（其主要组成系统思维导图如图 2-79 所示）是指由电子计算机进行管理和控制的，不需人工搬运作业，而实现收发作业的仓库。立体仓库（stereoscopic warehouse）是指采用高层货架配以货箱或托盘储存货物，用巷道堆垛起重机及其他机械进行作业的仓库。

因此，自动化立体仓库（其基本构成图如图 2-80 所示）是由立体货架、有轨巷道堆垛机、出入库托盘输送机系统、尺寸检测条码阅读系统、通信系统、自动控制系统、计算机监控系统、计算机管理系统以及其他（如电线电缆桥架配电柜、托盘、调节平台、钢结构平台等）辅助设备组成的复杂的自动化系统。

随着自动化立体仓库技术的不断成熟与行业发展，自动化立体仓库广泛应用于烟草、药品、汽配、家具、电子商务等行业，应用自动化立体仓库的主要优势有：

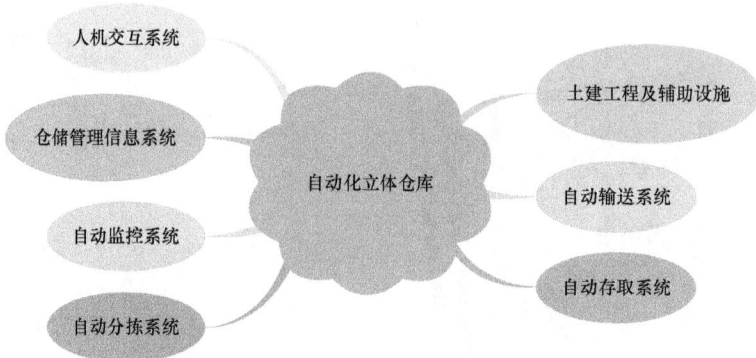

图2-79 自动化立体仓库主要组成系统思维导图

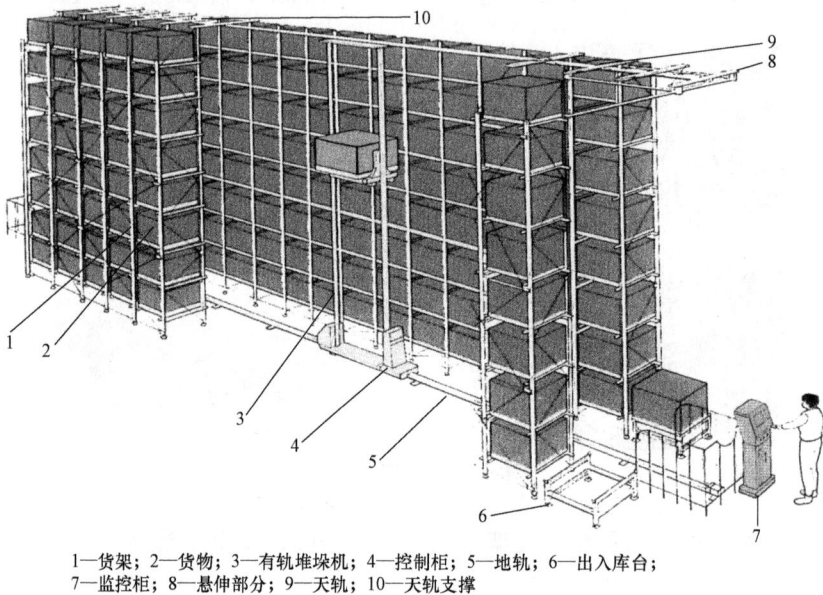

1—货架；2—货物；3—有轨堆垛机；4—控制柜；5—地轨；6—出入库台；
7—监控柜；8—悬伸部分；9—天轨；10—天轨支撑

图2-80 自动化立体仓库基本构成图

（1）大大提高了仓库的单位面积利用率。

（2）提高了劳动生产率，降低了劳动强度。

（3）减少了货物处理和信息处理过程的差错。提高了进出库效率和准确性。

（4）合理有效地进行了库存控制。

（5）较好地满足了特殊仓储环境的需要。

（6）提高了作业质量，保证了货品在整个仓储过程中的安全运行。

（7）便于实现系统的整体优化，提高了物流自动化水平。

当然，应用自动化立体仓库也会带来一些劣势，主要有：

（1）结构复杂，配套设备多，需要的基建和设备投资很大。

（2）货架安装精度要求高，施工比较困难，而且施工周期长。

（3）储存货品的品种受到一定的限制，不同类型的货架仅适合于不同的储存物品，一旦建成，系统的更新改造比较困难。

（二）常见的自动化立体仓库

1. 料箱式自动化立体仓库

料箱式自动化立体仓库（如图 2-81 所示）主要用于多品种货物存储。一般情况下，每个料箱的最大承载能力为 50～100kg，堆垛机的质量较轻，行走速度较快，可达 200m/min，效率高，噪声小，应用广。主要由货架本体、有轨巷道堆垛机、出/入库工作站和控制系统组成。

2. 托盘式自动化立体仓库

托盘式自动化立体仓库（如图 2-82 所示）又有一般式和倍深式之分。一般式：一个货格就是一个货位。倍深式：一个货格有两个货位，即能存储 2 个托盘装载单元。大多数托盘式自动化立体仓库以承载 1000kg 的托盘为存储单位。自动化立体仓库的常用跨度有 6m、9m、12m、15m、18m、24m、30m。托盘规格为（800～1500mm）×（800～1500mm）。根据制品形状可制作其他特定形状的托盘。

图 2-81　料箱式自动化立体仓库

图 2-82　托盘式自动化立体仓库

小结

仓库是_____的主要设施，为实现货物的最优化存储，建立快速有效的仓储操作流程，实现仓储活动_____、_____、_____，提升仓储效率，降低仓储成本，需要针对不同种类货物建立或选择不同的仓库，为高效、低成本的仓储活动提供有效的设施保障，而建立_____仓库成为当今各大型企业的趋势。

_____在仓库中占有重要地位，随着物流量的大幅度增加，为实现仓库的现代化管理，改善仓库的_____，需要多种类型与型号的货架，识别各种货架的优缺点和适用情况，充分利用仓容，合理流通货物。本模块围绕仓库设施与设备知识，详细介绍了当今主流_____与_____以及自动化立体仓库，通过对仓库与货架的认识，根据不同货物选择不同仓库类型与货架类型。

练习与自测

1. 单选题

（1）根据需要完成包装、分割、计量、分拣、刷标志、拴标签、组装等简单作业，方便货物在流通环节中能更好地完成运输、储存、装卸搬运、信息处理等的仓库是（   ）。

    A. 保税仓库   B. 加工仓库   C. 中转仓库   D. 零售仓库

（2）储备粮食是指国家为应对突发状况引起的粮食紧张和平时调节稳定粮价而专门储备粮食，通常储备在（   ）。

    A. 储备仓库   B. 加工仓库   C. 中转仓库   D. 零售仓库

（3）为了能够更好地储存散装面粉，保证其存储质量，最好保存在（   ）。

    A. 恒温仓库   B. 冷藏仓库   C. 筒仓   D. 危险品仓库

（4）冷藏仓库利用降温设施创造适宜的湿度和低温条件，低温库的库温一般在（   ）。

    A. 0℃～+5℃   B. −10℃～−20℃

    C. −15℃～−18℃   D. −22℃～−25℃

（5）以下商品不需要存放在危险品仓库的是（   ）。

    A. 硫酸   B. 烟花爆竹   C. 煤气罐   D. 碳酸水

2. 多选题

（1）请选出可存放文档的货架（   ）。

    A. 托盘货架   B. 抽屉式层架

    C. 移动式货架   D. 轻型层架

    E. 悬臂式货架

（2）层架的应用非常广泛，按层架存放货物的重量可以分为（   ）。

    A. 重型层架   B. 中型层架   C. 轻型层架   D. 超轻型层架

    E. 超重型层架

（3）适合进行人工存取货方式作业的货架是（   ）。

    A. 层架   B. 阁楼式货架   C. 横梁式货架   D. 贯通式货架

    E. 自动化立体仓库

（4）穿梭式货架可实现的进出货方式有（   ）。

    A. 先进先出   B. 先进后出   C. 数量优先   D. 订单优先

    E. 随意原则

（5）适合使用在物流中心仓库、货物品种不多、数量较大的货架是（   ）。

    A. 重力式货架   B. 阁楼式货架   C. 横梁式货架   D. 贯通式货架

    E. 层架

3. 判断题

（1）码头堆场、货运站、铁路车站货场、机场货运站、公路货运市场更像是一个大的仓库或仓库区，其基本功能类似于一个大仓库，同样包括装卸搬运、临时储存、分拣、配载、包装等基本功能。（   ）

（2）洞穴是一定不能作为仓库的。（   ）

（3）近年，我国的钢产量增大，很多企业都开始采用钢结构作为仓库厂房。（   ）

（4）自动化立体仓库不适合用于电子商务行业。（   ）

（5）移动货架减少了通道数，使地面使用率达80%，且存取方便，可先进先出，使用高度可达12m，单位面积储存量可提升至普通货架的2倍左右。（   ）

4. 简答题

（1）按照仓库库场构造，仓库可以分为什么类别？

（2）自动化立体仓的优势是什么？

（3）请指出常用的货架。

5. 思考题

根据不同行业需求，如何选择合适的仓库与货架？

配送设施与设备

【教学目标】

教学目标：认知配送设施与设备。

能力目标：能够根据不同的货物特性选择合适的配送设施与设备。

情感目标：培养学生的沟通表达能力、团队合作精神、积极思考的态度。

【引入案例】

××物流公司的配送业务一直是外包，最近由于客户投诉较严重，于是公司派小红去跟进配送情况。为了能够更加深入地了解整个过程中配送设施设备的情况，小红先对配送设施与设备的知识进行了认真学习。

【知识导航】

配送是指在经济合理区域范围内，根据客户要求，对物品进行拣选、加工、包装、分割、组配等作业，并按时送达指定地点的物流活动。

任务一 认识和选择配送中心

【小测试】 根据需求描述选择合适的配送中心。

请你根据"一、需求描述"中所需配送的货物性质选择合适的配送中心，把正确序号（1～3）填写在"二、选择合适的配送中心"的每张图片左侧的□中。

（一）需求描述

（1）某公司有一批货已到达配送中心，需要在 6 个月后再进行配送。

（2）一批蔬菜需要重新整理、分装后再进行配送。

（3）专门为金拱门进行配送。

（二）选择合适的配送中心

□储存型配送中心

□加工型配送中心

□专业配送中心

【知识链接】

一、配送设施概述

配送设施是指在经济合理区域范围内，根据客户要求，对物品进行拣选、加工、包装、分割、组配等作业，并按时送达指定地点的物流活动中所涉及的设施，如配送中心、分拣系统、配送车辆等。

二、配送中心的种类

（一）按配送范围划分，配送中心的分类如表 3-1 所示

表 3-1　配送中心按配送范围划分表

名称	描述	特点
城市配送中心（如图 3-1 所示）	以城市范围为配送范围的配送中心，由于城市范围一般处于汽车运输的经济里程，这种配送中心可直接配送到最终用户，且采用汽车进行配送。这种配送中心往往和零售经营相结合，由于运距短，反应能力强	从事多品种、少批量、多用户的配送较有优势
区域配送中心（如图 3-2 所示）	以较强的辐射能力和库存准备，向省（州）际、全国乃至国际范围的用户配送的配送中心，往往是配送给下一级的城市配送中心	用户量较大，配送批量也较大

图 3-1　城市配送中心

图 3-2　区域配送中心

（二）按专业程度划分，配送中心的分类如表 3-2 所示

表 3-2　配送中心按专业程度划分表

名称	描述	适用性
专业配送中心——医药如图 3-3 所示 专业配送中心——蔬果如图 3-4 所示	配送对象、配送技术属于某一专业范畴，在某一专业范畴内有一定的综合性，综合这一专业的多种物资进行配送	多数制造业的销售配送中心
柔性配送中心	这种配送中心不向固定化、专业化方向发展，能随时变化，对用户要求有很强的适应性，不固定供需关系	向发展配送用户和改变配送用户的方向发展
综合配送中心	既有专业配送也有柔性配送的配送中心	具有前面两种配送中心的适用性

图 3-3　专业配送中心——医药

图 3-4　专业配送中心——蔬果

（三）按内部特性划分，配送中心的分类如表 3-3 所示

表 3-3　配送中心按内部特性划分表

名称	描述	特点
储存型配送中心 （如图 3-5 所示）	一般来讲，在买方市场下，企业成品销售需要由较大库存支持，其配送中心可能有较强的储存功能；在卖方市场下，企业原材料、零部件供应需要由较大库存支持，这种供应配送中心也有较强的储存功能。大范围配送的配送中心，需要有较大库存，也可能是储存型配送中心	储存功能很强

续表

名称	描述	特点
流通型配送中心	基本上没有长期储存功能，仅以暂存或随进随出方式进行配货、送货的配送中心。这种配送中心的典型方式是，大量货物整进并按一定批量售出，采用大型分货机，进货时直接进入分货机传送带，分送到各用户货位或直接分送到配送汽车上，货物在配送中心仅做少许停滞	货物在配送中心停留的时间较短
加工型配送中心（如图3-6所示）	配送中心具有加工职能，根据用户的需要或者市场竞争的需要，对配送物进行加工之后进行配送的配送中心。在这种配送中心内，有分装、包装、初级加工、集中下料、组装产品等加工活动	流通加工功能较强

图 3-5　储存型配送中心

图 3-6　加工型配送中心

（四）按职能划分，配送中心的种类如表3-4所示

表3-4　配送中心按职能划分表

名称	描述	特点
供应配送中心（如图3-7所示）	配送中心执行供应的职能，专门为某个或某些用户（例如连锁店、联合公司）组织供应的配送中心。例如，为大型连锁超级市场组织供应的配送中心；代替零件加工厂送货的零件配送中心，使零件加工厂对装配厂的供应合理化	配送的用户有限且稳定，属于企业型用户

续表

名称	描述	特点
销售型配送中心（如图3-8所示）	执行销售的职能，以销售经营为目的，以配送为手段的配送中心。销售型配送中心的用户一般是不确定的，而且用户的数量很大，每一个用户购买的数量又较少，属于消费者型用户	配送的计划性较差

图 3-7　供应配送中心

图 3-8　销售型配送中心

任务二　认识和选择配送设备

【小测试】　了解智能化配送设备。

科技进步日新月异，物流发展也应该跟上时代发展的步伐。请你帮助小红认识智能化配送设备并了解它们的用途。

要求：

（1）以小组为单位搜索网络，查找网络。

（2）把搜索到的资料做成 PPT，要求图文并茂、语言清晰。

（3）每组派一个代表展示小组作品，并且选出最佳作品。

【知识链接】

一、配送设备概述

配送设备是指货物从配送中心到客户手中，根据客户要求进行配货及送货的过程中所涉及的设备，包括分拣设备和配送运输设备等。

二、分拣设备

（一）分拣设备的定义

分拣设备是指帮助拣货人员迅速、准确地将商品从其储位拣取出来，并按一定的方式进行分类、集中作业的设备。

（二）分拣设备的种类

常见的分拣设备有自动分拣系统、电子标签辅助拣货系统、分拣机器人、台车拣取系统。

1. 自动分拣系统

自动分拣系统是指按照预先设定的计算机指令对物品进行分拣，并将分拣出的物品送达指定位置的自动拣选系统。其中，自动分拣机是自动分拣系统的一个主要设备。根据物品的重量、形状，以及输送设备的形式、分拣速度，需要不同的分拣机，常见的分拣机有以下六种。

（1）挡板式分拣机

挡板式分拣机（如图 3-9 所示）利用一个挡板（含挡杆）挡住在输送机上向前移动的商品，将商品引导到一侧的滑道排出。

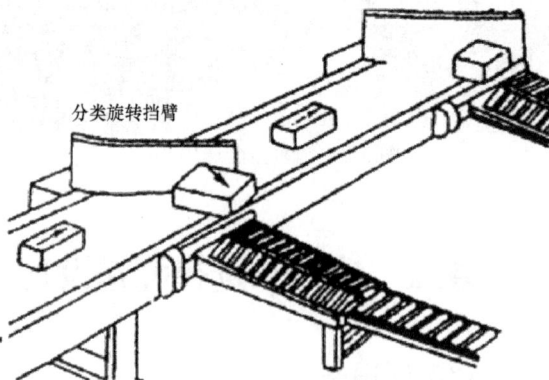

分类旋转挡臂

图 3-9　挡板式分拣机

（2）高速托盘式分拣机

高速托盘式分拣机（如图 3-10 所示）主要用于自动传输、分拣物件。分拣效率可达 3600～7200 件/小时。

（3）浮出式分拣机

浮出式分拣机是把商品从主输送机上托起，从而将商品引导出主输送机的一种结构形

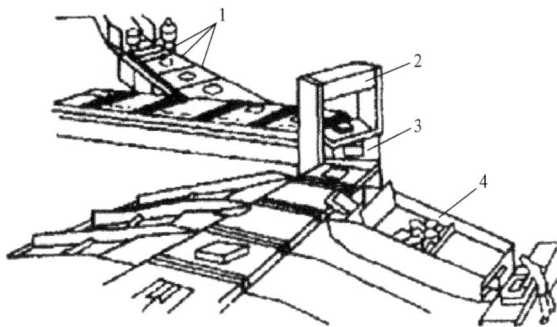

1—上货机；2—激光扫描器；3—带式托盘小车；4—格口

图 3-10　高速托盘式分拣机

式。从引离主输送机的方向看，一种是引出方向与主输送机构成直角；另一种是成一定夹角（通常是 30°～45°）。一般是前者比后者的生产率低，且对商品容易产生较大的冲击力。浮出式分拣机可以分为胶带浮出式分拣机（如图 3-11 所示）和辊筒浮出式分拣机（如图 3-12 所示）。

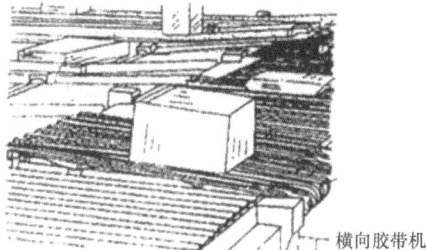

图 3-11　胶带浮出式分拣机

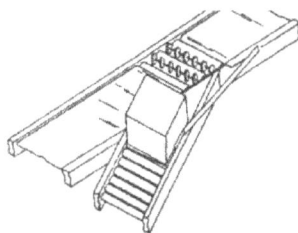

图 3-12　辊筒浮出式分拣机

（4）悬挂式分拣机

悬挂式分拣机（如图 3-13 所示）是用牵引链（或钢丝绳）作牵引的分拣设备，按照有无支线，它可分为固定悬挂和推式悬挂两种机型。前者用于分拣、输送货物，只有主输送线路、吊具和牵引链是连接在一起的，后者除主输送线路外还具有储存支线，并具有分拣、储存、输送货物等多种功能。

（5）滚柱式分拣机

滚柱式分拣机（如图 3-14 所示）是用于货物输送、存储与分路的分拣设备，按处理货物流程需要，可以布置成水平形式，也可以和提升机联合使用构成立体仓库。

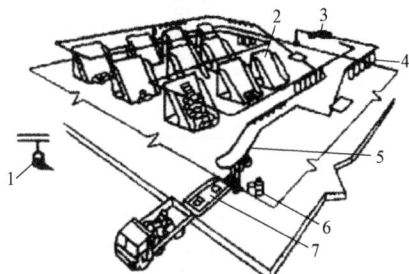

1—吊挂小车；2—格口；3—张紧装置；4—货物；
5—张送轨道；6—编码台；7—传送带

图 3-13　固定悬挂式分拣机

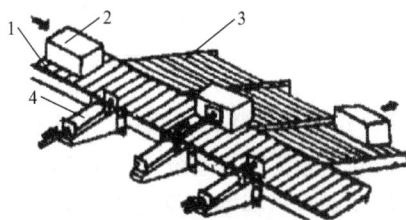

1—滚柱机；2—货物；3—支线滚柱机；4—推送器

图 3-14　滚柱式分拣机

（6）滑块式分拣机

滑块式分拣机（如图 3-15 所示）是一种特殊形式的条板输送机。该分拣机的表面由金属条板或管子构成，如竹席状，而在每个条板或管子上有一枚用硬质材料制成的导向滑块，能沿条板横向滑动。

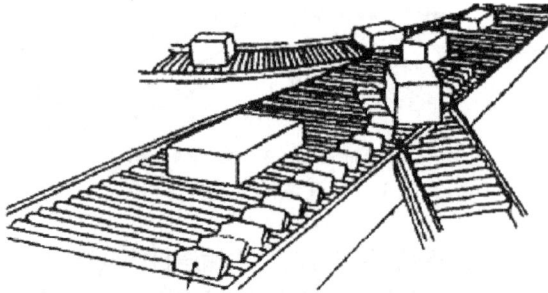

图 3-15　滑块式分拣机

2.电子标签辅助拣货系统

（1）定义：电子标签辅助拣货系统是通过一组安装在货架储位上的电子标签作为拣货指示装置，引导拣货人员准确、快速、轻松地完成拣货作业的一种人机交互系统。

（2）类型。

① 摘果式电子标签拣货系统（DPS）

摘果式电子标签拣货系统（如图 3-16 所示）是指为每一种货物安装一个电子标签，控制计算机以订单为单位进行拣货信息处理，根据订单所需货物的位置发出拣货指示，电子标签指示灯亮起，拣货人员根据电子标签所显示的数量完成以"件"或"箱"为单位的拣货作业。

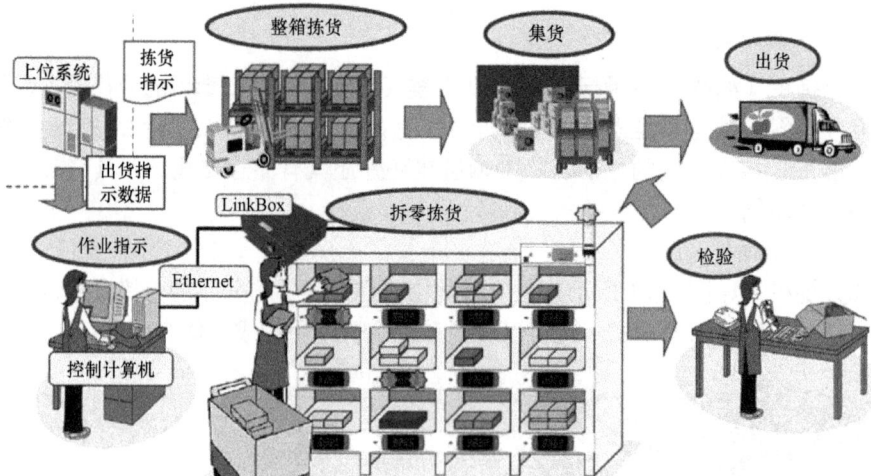

图 3-16　摘果式电子标签拣货系统

② 播种式电子标签拣货系统（DAS）

播种式电子标签拣货系统（如图 3-17 所示）是指该系统中每个储位代表一个客户，在每个储位上都设置电子标签。拣货人员先通过条码扫描器把要分拣的货物信息输入系统，需要该货品的客户的相应分货位置的电子标签就会亮起并发出蜂鸣声，同时显示出该位置所需要货物的数量；拣货人员根据信息快速地将货物分放在相应的客户分货位置。

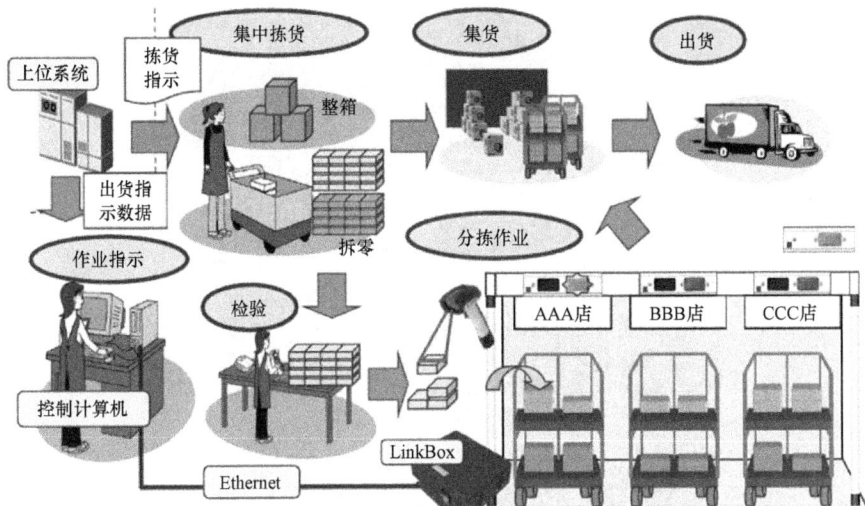

图 3-17　播种式电子标签拣货系统

3. 分拣机器人

分拣机器人（如图 3-18 所示）是一种具备传感器、物镜和电子光学系统的机器人，可以快速进行货物分拣。自动分拣机器人（如图 3-19 所示）一般配合无人仓库使用，由自动分拣机器人对机器进行控制。机器通过读取地面的二维码或者激光识别的形式，能够把指定的货架或者指定的货运运到相应的拣货员或者储位，拣货人员无须在仓库里走动，便可完成拣货作业，大大提高了拣货作业的效率，降低了人工成本。

图 3-18　分拣机器人

4. 台车拣取系统

所谓台车拣取系统（如图 3-20 所示）是指附有显示装置的拣取车辆，它装有显示器以及控制盘。从显示器上指示储存货架及应该拣取的数量，作业人员根据其指示来进行拣取。台车拣取系统有两种形式：①附有显示装置、仅用于拣取作业的台车；②与货架数位显示器同步的台车。

（1）附有显示装置、仅用于拣取作业的台车

在主电脑中处理的订单资料经过"阅读/写进"装置写进 IC 卡。资料的内容包括顾客名

图 3-19　自动分拣机器人

图 3-20　台车拣取系统

称、商品货架编码、商品名称、数量等，这些资料显示于显示器上，让作业人员根据这些资料进行拣取作业，此时的货架必须采用固定储位。由于有自动显示装置，所以拣取的品项与数量几乎不会有错误。

（2）台车与货架同步数位显示的系统

在台车显示拣取指示的同时，将信息传输给对应的拣取货架的数位显示器，使台车与货架同步显示拣取信息。

三、配送运输设备

（一）配送运输设备的概念

配送运输设备是指将订购的货物送至顾客手中所使用的运输工具，如汽车、快递车辆、无人机等。

（二）常见的配送运输设备

随着科技的发展，物流也紧跟时代前进的步伐。配送运输设备除了传统的电动车、汽车配送外，还增添了多种无人配送运输设备。

1. 无人机

无人机（如图 3-21 所示）又称为无人驾驶飞机，是利用无线电遥控设备和自备的程序控制装置操纵的不载人飞机。机上无驾驶舱，但安装有自动驾驶仪、程序控制装置等设备，并且配有对应的软件控制。取货人利用软件就可以检测无人机的状态。无人机接货后，操作员只需要在软件上输入工位号，机器人就能自动规划路线、上下电梯、避开障碍，到达指定的位置。操作员只需要通过人脸识别、网上支付等步骤就可以取走货物。

图 3-21　无人机配送

2. 无人配送设备

（1）无人配送车

无人配送车（如图 3-22 所示）在送货时，可以主动地躲避障碍，并识别红绿灯以及道路情况。此外，无人配送车还能给用户发送短信，而后者则可以通过人脸识别和短信验证码来提取货物。

（2）自动驾驶微型车

自动驾驶微型车（如图 3-23 所示）是一种新型的无人配送车辆，已在英国试运行。该车的作用是替代人工进行配送。该车的车身内部有一个隔间系统，以装纳不同客户的包裹，当到达指定的送货地址时，系统会自动选择对应客户的包裹，在将其从车辆后部的开口释放出来。

图 3-22　无人配送车

图 3-23　自动驾驶微型车

（3）自动送货机器人

自动送货机器人（如图 3-24 所示）设计的初衷是为某些餐饮、服装等公司提供配送服务。在接到命令后，自动送货机器人会自己去仓库接收货物，并装入其内部的货舱中，然后按照指令将货物运送到目的地；而购买该货物的消费者，则可输入相应的密码，打开货舱取走货物。

3-24 自动送货机器人

此外，该机器人搭载的九个摄像头会不断地学习行走过的路线，一段时间后，便能够形成一张配送区域的地图，能够根据所设置的配送目的地自行规划配送路线并自行配送，不需要人工控制，大大提高了自动化。

小结

（1）配送中心是接收并处理_____的订货信息，对上游运来的多品种货物进行分拣，根据用户订货要求进行拣选、加工、组配等作业，并进行送货的设施和机构。

（2）配送中心的分类可以按_____、_____、_____、_____划分。

（3）电子标签辅助拣货系统有_____、_____两种形式。

练习与自测

1. 单选题

（1）以城市范围为配送范围的配送中心是（　　）。

    A. 城市配送中心　　B. 区域配送中心　　C. 国家配送中心　　D. 乡镇配送中心

（2）货物在配送中心停留的时间较短的配送中心是（　　）。

    A. 储存型配送中心　B. 流通型配送中心　C. 柔性配送中心　　D. 专业配送中心

（3）城市配送中心以城市为配送范围，往往与零售经营相结合比较适合从事（　　）配送。

    A. 多品种、多批量、多用户　　　　　　B. 多品种、少批量、多用户

    C. 少品种、少批量、多用户　　　　　　D. 少品种、多批量、少用户

（4）专业大型连锁超级市场组织供应的配送中心的类别属于（　　）。

    A. 销售配送中心　B. 区域配送中心　C. 加工配送中心　　D. 供应配送中心

（5）生产企业将其产品直接销售给消费者的配送中心的类别属于（　　）。

A. 销售配送中心　　B. 专业配送中心　　C. 加工配送中心　　D. 供应配送中心

（6）组织者是以仓库为据点的配送类型是（　　　）。

　　A. 商店配送　　　　　　　　　　B. 仓库配送

　　C. 生产企业配送　　　　　　　　D. 配送中心配送

2. 多选题

（1）销售型配送中心大体有（　　　）三种类型。

　　A. 生产企业经营的配送中心

　　B. 流通企业经营的配送中心

　　C. 销售企业经营的配送中心

　　D. 生产企业和流通企业联合的配送中心

　　E. 专业型企业经营配送中心

（2）常见的自动分拣机有（　　　）。

　　A. 挡板式分拣机　　　　　　　　B. 高速托盘式分拣机

　　C. 浮出式分拣机　　　　　　　　D. 悬挂式分拣机

　　E. 滚柱式分拣机

（3）无人机利用（　　　）的程序控制装置操纵不载人飞机。

　　A. 无线电遥控设备　　　　　　　B. 有线网络

　　C. 自备程序　　　　　　　　　　D. 局域网

　　E. 因特网（Internet）

3. 思考题

据大数据公司星途数据统计显示，2017 年"双十一"全网总销售额达 2539.7 亿元，产生包裹 13.8 亿个。如此多的包裹能在短期内完成配送，并且和往年相比，遗失率和错误率大大降低。请利用网络搜索：2017 年"双十一"购物节各大电商公司（如天猫、京东等）采用了哪些新型的智能化配送设备？对于物流行业有什么重大影响？

装卸搬运设备

教学目标：认知装卸搬运设备。

能力目标：能够根据不同需求选择装卸搬运设备。

情感目标：培养学生的沟通表达能力、团队合作精神、积极思考的态度。

【引入案例】

小红看到仓库内人来人往，不停地进行着装卸搬运活动，各种装卸搬运设备忙碌地工作着，让人眼花缭乱，小红不清楚其中很多设备的用途。为了以后工作方便，小红决定要深入地了解装卸搬运设备。

1. 装卸搬运

在同一地域范围内（如车站范围、工厂范围、仓库内部等）以改变"物"的存放、支承状态的活动称为装卸，以改变"物"的空间位置的活动称为搬运，两者全称装卸搬运。一般来说，搬运是指物体横向或斜向的移动，装卸是指物体上下方向的移动。

2. 装卸搬运的活动

装卸搬运的活动包括装上、卸下、移送、拣选、分类、堆垛、入库、出库等。为了高效、及时、安全地完成装卸搬运作业，必须合理配备、选择装卸搬运设备。

任务一 认识装卸搬运设备

【小测试】 了解装卸搬运设备，并完成表4-1的填写。

小红了解到在仓储作业中需要完成多种商品的装卸搬运工作，而仓库中的装卸搬运设备种类繁多。请你帮小红对仓库中常见的装卸搬运设备进行分类。

（一）装卸搬运设备

叉车

手动葫芦

堆垛机

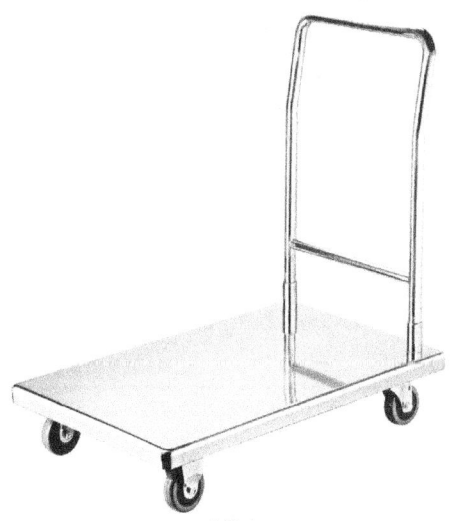

手推车

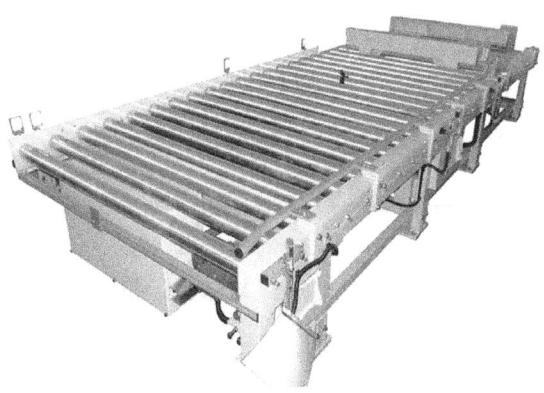

滚轮式输送机

皮带式输送机

托盘车　　　　　　　　巷道式起重机

（二）分类表（如表4-1所示）

请在表4-1中填写"装卸搬运设备名称"。

表4-1　分类表

装卸搬运分类方法	小类	装卸搬运设备名称
按设备有无动力划分	重力式装卸搬运设备	
	动力式装卸搬运设备	
	人力式装卸搬运设备	
按设备的作业性质划分	装卸机械	
	搬运机械	
	装卸搬运机械	

小提示：这里只用到两种分类方法。

【知识链接】

一、装卸搬运设备概述

装卸搬运设备是指用来搬移、升降、装卸和短距离输送物料或货物的机械。装卸搬运设备是实现装卸搬运作业机械化的基础，是物流设备中重要的机械设备。

二、装卸搬运设备的分类

按照不同的分类方法可将装卸搬运设备分成不同的种类。

1. 按作业性质分类

按装卸及搬运两种不同作业性质可分成装卸机械、搬运机械、装卸搬运机械三类，如表4-2所示。

2. 按机具工作原理分类

按装卸搬运机具的工作原理可将其分为叉车类、吊车类、输送机类、作业车类和管道输送设备类，具体分类如表 4-3 所示。

表 4-2 装卸搬运设备按作业性质分类表

作业性质	特点	设备
装卸机械	机械结构较简单，多余功能较少，专业化作业能力强，作业效率高，作业成本较低，但使用受限	如手动葫芦、卡车吊车
搬运机械		如搬运车、手推车、各种输送机（斗式输送机、刮板式输送机除外）
装卸搬运机械	装卸、搬运两功能兼具，提高系统效率	如叉车、港口中用的跨运车、车站用的龙门吊以及气力装卸输送设备等

表 4-3 装卸搬运设备按机具工作原理分类表

类型	设备
叉车类	包括各种通用和专用叉车
吊车类	包括门式、桥式、履带式、汽车式、岸壁式、巷道式各种吊车
输送机类	包括辊式、轮式、皮带式、链式、悬挂式等各种输送机
作业车类	包括手推车、搬运车、无人搬运车、台车等各种作业车辆
管道输送设备类	包括液体、粉体的装卸搬运一体化的由泵、管道为主体的一类设备

3. 按动力来源分类

装卸搬运设备按动力来源可划分为重力式装卸搬运设备、动式装卸搬运设备、人力式装卸搬运设备，具体分类如表 4-4 所示。

表 4-4 装卸搬运设备按动力来源分类表

类型	设备
重力式装卸搬运设备	如滚式输送机、辊式输送机
动式装卸搬运设备	如内燃式叉车、电动式叉车、堆垛机
人力式装卸搬运设备	如手动叉车、手推车、手动升降平台

任务二 认识和选择手推车、托盘车、堆垛车

小红通过学习已经大概知道装卸搬运设备的分类。目前，她想详细地了解手推车、托盘车、堆垛车这三种设备的信息。

【小测试】 看货物选搬运设备。

假设仓库有表 4-5 所列出的货物需要搬运到不同地方，请选择合适的搬运设备，并在表 4-6 中填入选择理由。

表4-5　货物列表

货物	搬运要求
	有两袋面粉需要搬到仓库内的另一个就地堆垛区
	有1t的长条钢板需要从卸货区移至相应的堆垛区
	有40台显示器需要调整到仓库内的另一排货架上

表4-6　搬运设备列表

搬运设备	选择理由

续表

搬运设备	选择理由
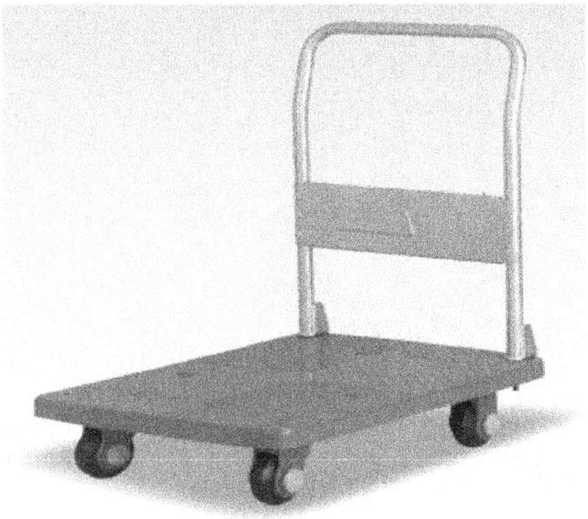	
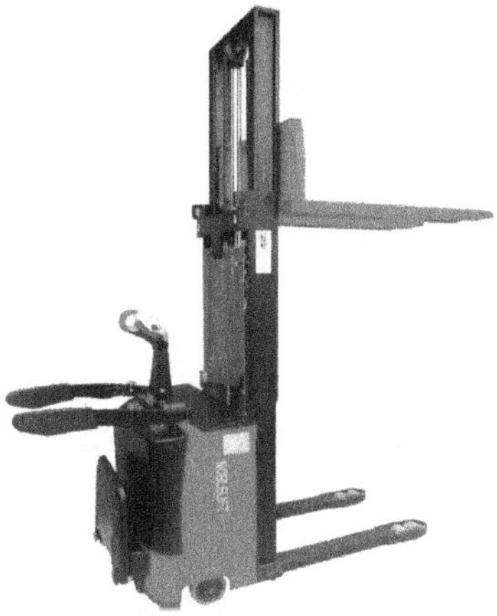	

【知识链接】

一、手推车的种类

（一）手推车的定义

手推车是用人力推、拉的搬运车辆。它作为一切车辆的始祖，因其造价低廉、维护简单、操作方便、自重轻，能在机动车辆不便使用的地方工作，故在生产和生活中应用非常广泛。

（二）手推车的分类

（1）独轮手推车（如图 4-1 所示）是指整车只有一个轮子，可以原地转向，车体小，可在狭窄的跳板、便桥和羊肠小道上行驶，倾卸货物十分便利。

（2）双轮手推车自重轻、操作灵活方便，主要有手推搬运车（又称为老虎车，如图 4-2 所示）、斗车（如图 4-3 所示）。

图 4-1　独轮手推车

图 4-2　手推搬运车

图 4-3　斗车

（3）四轮手推车：四轮手推车中有两个可绕铅垂轴反转的反转脚轮，在小范围内作业具有方便性和实用性。反转脚轮在运转中能跟随车辆活动偏向的改动而主动调整到运转阻力最小的偏向。多数通用四轮手推车有一个载货平台，根据载货平台的多少又分为单栏平台式手推车（如图 4-4 所示）、双栏平台式手推车（如图 4-5 所示）和多层平台式手推车（如图 4-6 所示）。

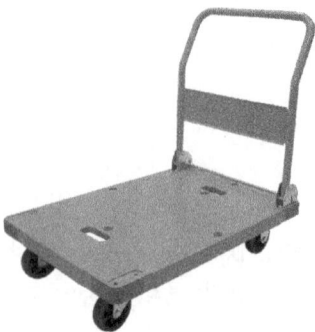

图 4-4　单栏平台式手推车

图 4-5　双栏平台式手推车

图 4-6　多层平台式手推车

二、托盘车的种类

（一）托盘车的定义

托盘车是起搬运货物作用的物流搬运设备，属于叉车一类。在使用时将其承载的货叉插入托盘孔内，由人力驱动液压系统或电动液压系统来实现托盘货物的起升和下降。

（二）托盘车的分类

托盘车根据动力来源不同分为手动托盘车和电动托盘车。

（1）手动托盘车（如图 4-7 所示）由人力驱动液压系统来实现托盘货物的起升和下降，并由人力拉动完成搬运作业，适合于狭窄通道和有限空间作业，主要有手动液压托盘车。

（2）电动托盘车由电动液压系统来实现托盘货物的起升和下降，用于极端条件下的高强度作业环境，可实现单元化运输。电力托盘车主要包括步行式电动托盘车（如图 4-8 所示）、踏板式电动托盘车（如图 4-9 所示）、侧坐式电动托盘车（如图 4-10 所示）。

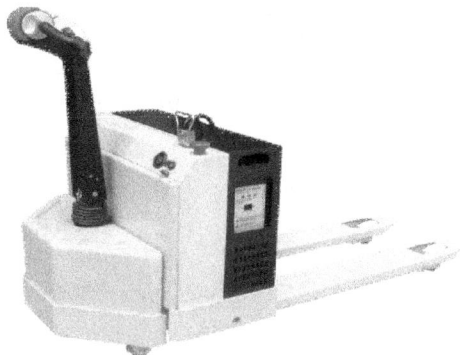

图 4-7　手动托盘车　　　　　　　　图 4-8　步行式电动托盘车

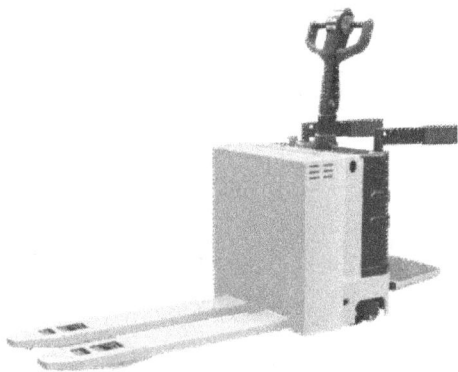

图 4-9　踏板式电动托盘车　　　　　　图 4-10　侧坐式电动托盘车

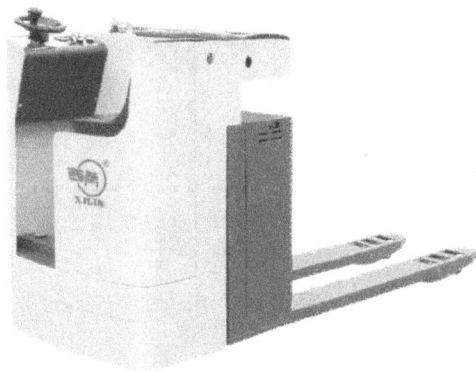

三、堆垛车

（一）堆垛车的定义

堆垛车是指对成件托盘货物进行装卸、堆高、堆垛和短距离运输作业的各种轮式搬运车辆，又称为堆高机、托盘堆高车。堆垛车的结构简单、操控灵活、防爆安全性能高；适用于狭窄通道和有限空间内的作业，是高架仓库、车间装卸托盘化的理想设备；可广泛应用于港口、货场、仓库等场所；可以减轻工人的劳动强度，极大地提高工作效率。

（二）堆垛车的种类

堆垛车根据动力来源不同分为手动堆垛车、半电动堆垛车和全电动堆垛车。

图 4-11 手动堆垛车

（1）手动堆垛车（如图 4-11 所示）不附带任何动力装置，完全靠人力推拉升降，周转半径小，起升费力，主要用于轻小物品的堆垛。

（2）半电动堆垛车（如图 4-12 所示）无驱动装置，水平上的位移需要靠人力来完成，提升装置通过电能来实现升降。其周转半径小，灵活方便；主要起到升降的作用；用于装车卸货、仓库堆货架、高空取料等只需要小范围移动的操作。

（3）全电动堆垛车（如图 4-13 所示）的提升装置和驱动装置都是利用电能来实现的，即其升降和移动都利用电能，不需人力参与。其主要作用是提升搬运货物，主要用于仓库取货、堆垛、搬运物品。全自动堆垛车在很大程度上可以替代电动搬运车和叉车作业。

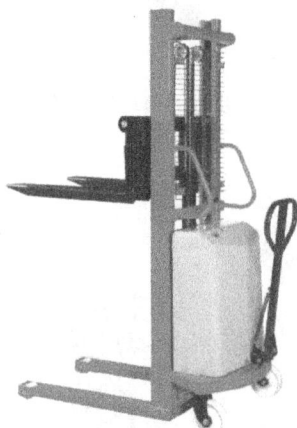

图 4-12 半电动堆垛车

图 4-13 全电动堆垛车

任务三 认识和选择叉车

【小测试】 分组调查叉车。

小红准备采购叉车，全班同学帮助她去了解叉车的情况。小红作为采购人员，需要了解叉车的生产厂家，叉车型号、叉车类型、主要性能、适用范围。请根据调查结果进行小组讨论并完成表 4-7 的填写。

表 4-7 调查表

叉车生产厂家	叉车型号	叉车类型	主要性能	适用范围

【知识链接】

一、叉车概述

叉车是一种具有装卸和搬运双重功能的设备，又称为铲车、叉式举货车，是物流领域里最常用的装卸搬运机具。

二、叉车的种类

叉车按照不同的分类方法可以分成不同的种类。

（一）按动力方式不同划分

叉车根据动力方式不同可以分为如表 4-8 所示的几类。

表 4-8　叉车按动力方式不同分类表

大类	小类	特点
发动机式叉车	汽油机式叉车	操作方便、输出功率大、价格较便宜，但会造成环境污染，一般适用于对尾气排放和噪声没有特殊要求的场所
	柴油机式叉车	
	液化石油式叉车	
电动机式叉车		以蓄电池为动力，操作简单，不排放气体，无噪声，在仓库、配送中心采用较多
手动式叉车		无动力，使用、维护简单，起重量较低

（二）按功能不同划分

叉车主要分为以下类型：平衡重式叉车、前移式叉车、侧面式叉车、拣选式叉车、手动式叉车、集装箱式叉车。

（1）平衡重式叉车（如图 4-14 所示）的车体前方装有升降货叉，车体尾部装有平衡重块。其自重大、轮距大、行走稳定、转弯半径大。

图 4-14　平衡重式叉车

（2）前移式叉车（如图 4-15 所示）作业时，重心在四个轮的支撑面上，比较稳定；货架或货叉可以前后移动，以便于取货与装卸。

（3）侧面式叉车（如图 4-16 所示）在不转弯的情况下，具有直接从侧面叉取货物的能力，可在窄道中作业，节约通道的占地面积，有利于搬运长条形货物。

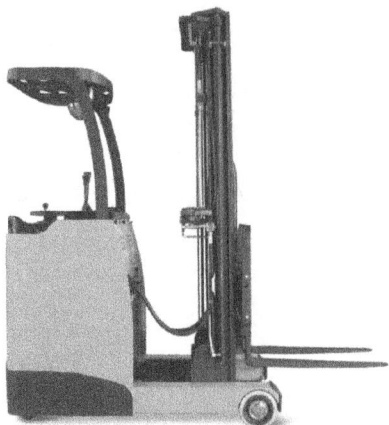

图 4-15　前移式叉车

图 4-16　侧面式叉车

（4）拣选式叉车（如图 4-17 所示）的操作者能随装卸装置一起在车上进行拣选作业。

（5）手动式叉车（如图 4-18 所示）灵活机动，操作方便简单，价格便宜，在某些不需要大型机械的地方可以有效地应用。

图 4-17　拣选式叉车

图 4-18　手动式叉车

（6）集装箱式叉车（如图 4-19 所示）主要用于堆垛空集装箱等辅助性作业。

图 4-19　集装箱式叉车

任务四　认识和选择起重机

【小测试】 调查起重机。

生活中，在仓库、工地、码头、铁路沿线可看见各种各样的起重设备。你认识它们吗？请根据表 4-9 中的设备，写出在哪里见过。

表 4-9　常见起重设备

图片	出现地点

续表

图片	出现地点

【知识链接】

一、起重机概述

起重机是指在一定范围内垂直提升和水平搬运重物的多动作起重机械。它又称为天车、航吊、吊车。

二、起重机的种类

起重机械按其构造类型可分为轻小型起重设备、桥架类型起重机、臂架类型起重机、缆索式起重机四大类。

（一）轻小型起重设备

轻小型起重设备具有轻便、结构紧凑、动作操作简单等特点，其作业范围以点、线为主，它只有一个升降机构，使重物做单一的升降运动。常见的轻小型起重设备有千斤顶、手拉葫芦、卷扬机、滑车等。

1. 千斤顶

千斤顶（如图 4-20 所示）是指用刚性顶举件作为工作装置，通过顶部托座或底部托爪的小行程内顶开重物的轻小起重设备。它主要用于车辆修理及其他起重、支撑等工作；其结构轻巧坚固、灵活可靠，一人即可携带和操作。

2. 手拉葫芦

手拉葫芦（如图 4-21 所示）是一种使用简单、携带方便的手动起重机械，也称"环链葫芦"或"倒链"。它适用于小型设备和货物的短距离吊运，其起重量一般不超过 10t，最大可达 20t，起重高度一般不超过 6m。

3. 卷扬机

卷扬机是指用卷筒缠绕钢丝绳或链条提升或牵引重物的轻小型起重设备，又称绞车。它可以实现垂直提升、水平或倾斜拽引重物。卷扬机分为手动卷扬机（如图 4-22 所示）、电动卷扬机（如图 4-23 所示）、液压卷扬机（如图 4-24 所示）三种，现在以电动卷扬机为主。卷扬机操作简单、绕绳量大，主要用于建筑、水利工程、林业、矿山、码头等的物料升降或平拖。

图 4-20　千斤顶

图 4-21　手拉葫芦

图 4-22　手动卷扬机

图 4-23　电动卷扬机

4. 滑车

滑车（如图 4-25 所示）是一种重要的吊装工具，其结构简单，使用方便，用于提升货物并改变作用力的方向，使施力比较容易，但并不省力。由滑车联合组成的滑车组，配合卷扬机、桅杆或其他起重机械，广泛应用在建筑安装作业中。

图 4-24　液压卷扬机

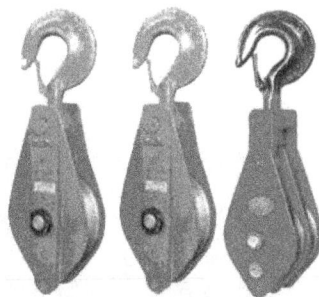

图 4-25　滑车

（二）桥架类型起重机

桥架类型起重机以桥形主梁的金属结构作为主要承载构件。通过起升机构、小车运行机构、大车运行机构这三个工作机构的组合运动，使该起重机在固定跨度的盒形空间内完成物料搬运作业任务。这种起重机主要有桥式起重机、门式起重机和装卸桥三种。

1. 桥式起重机

桥式起重机又称为天车，其使用广泛的有单主梁桥式起重机（如图 4-26 所示）和双主梁桥式起重机（如图 4-27 所示）。这种起重机的主梁和两个端梁组成桥架，整个起重机直接运行在建筑物高架结构的轨道上，减少占地面积，在仓库或厂房内具有优越性。

图 4-26　单主梁桥式起重机

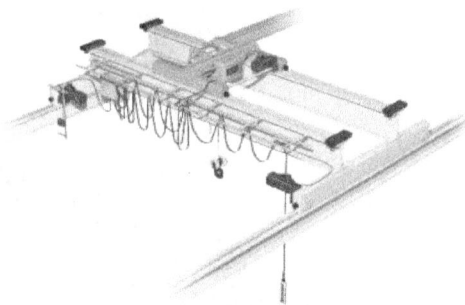

图 4-27　双主梁桥式起重机

2. 门式起重机

门式起重机又称为带腿的桥式起重机或龙门起重机，是桁架结构的起重设备，其起重量较大，可达 300t 以上，可在载荷状态下移动，同时完成装卸和搬运两项作业。此外，门式起重机有时有较长的悬臂，悬臂可伸离支脚轨道范围，扩大作业面积，覆盖火车装卸区和汽车或船舶装卸区。根据移动设备不同可以分为门式轨道型起重机（如图 4-28 所示）和门式轮胎型起重机（如图 4-29 所示），根据货物的不同可以分为杂货门式起重机和集装箱门式起重机（如图 4-30 所示）。其中，集装箱门式起重机是专门用来进行集装箱的堆垛和装卸作业的门式起重机。

3. 装卸桥

装卸桥（如图 4-31 所示）是专门用于装卸作业的门式起重机，用于供货站、进行散粒物料的堆取，其中在港口作业的叫集装箱装卸桥，专门用于集装箱货物的装卸，其特点是小车运行速度快、跨度大（一般为 60～90m 以上），工作效率高。

图 4-28　门式轨道型起重机

图 4-29　门式轮胎型起重机

图 4-30 集装箱门式起重机

图 4-31 装卸桥

（三）臂架类型起重机

凡有起重臂的起重机均称为臂架类型起重机，可以用于圆形区域内及其上空作业。这种起重机主要包括塔式起重机、汽车式起重机、轮胎式起重机、履带式起重机等。

1. 塔式起重机

塔式起重机（如图 4-32 所示）简称塔机，也称塔吊，其动臂装在高耸塔身上部的旋转起重机，作业空间大，主要用于房屋建筑施工中物料的垂直和水平输送及建筑构件的安装。

塔式起重机的起重量随幅度而变化。起重量与幅度的乘积称为载荷力矩，是这种起重机的主要技术参数。通过回转机构和回转支承，塔式起重机的起升高度大，回转和行走的惯性质量大，故需要有良好的调速性能，特别是起升机构要求能轻载快速、重载慢速、安装就位微动。

2. 汽车式起重机

汽车起重机（如图 4-33 所示）是指在卡车车体上安装悬臂起重机的起重机具。由起重臂、转台、机架、支腿等部分组成。作业时放下支腿即可进行起重装卸作业。这种起重机的优点是机动性好，转移迅速，在设施外使用独具优越性。但工作时须支腿支撑，不能负荷行驶，也不适合在松软或泥泞的场地上工作。

图 4-32 塔式起重机

图 4-33 汽车式起重机

3. 轮胎式起重机

轮胎式起重机（如图 4-34 所示）是指利用轮胎式底盘行走的动臂旋转起重机。轮胎式起重机是把起重机构安装在由加重型轮胎和轮轴组成的特制底盘上的一种全回转式起重机，为了保证安装作业时机身的稳定性，起重机设有四个可伸缩的支腿。在平坦地面上可不用支腿进行小起重量吊装及吊物低速行驶。它由上车和下车两部分组成。上车为起重作业部分，设有动臂、起升机构、变幅机构、平衡重和转台等；下车为支承和行走部分。上、下车之间用回转支承连接。吊重时一般需放下支腿，增大支承面，并将机身调平，以保证起重机的稳定。

图4-34 轮胎式起重机

与汽车式起重机相比，轮胎式起重机的优点有：轮距较宽、稳定性好、车身短、转弯半径小，可在 360°范围内工作。但其行驶时对路面要求较高，行驶速度较汽车式慢，不适于在松软泥泞的地面上工作。

4.履带式起重机

履带式起重机（如图 4-35 所示）是一种高层建筑施工用的自行式起重机，是一种利用履带行走的动臂旋转起重机。其履带接地面积大，通过性好，适应性强，可带载行走，适用于建筑工地的吊装作业。其行走速度缓慢，长距离转移工地需要其他车辆搬运。

图4-35 履带式起重机

（四）缆索式起重机

缆索式起重机（如图 4-36 所示）主要是指升降式起重机（俗称升降机），其特点是重物或取物装置只能沿导轨升降。

图4-36 缆索式起重机

小结

（1）按作业性质分类，装卸搬运设备包括＿＿＿＿＿＿＿＿＿＿＿＿＿＿＿＿、＿＿＿＿＿＿＿＿＿＿＿＿＿＿＿＿＿＿、＿＿＿＿＿＿＿＿＿＿＿＿＿＿＿。

（2）叉车又称为＿＿＿＿＿，是一种具有＿＿＿＿＿和＿＿＿＿＿双重功能的装备。

（3）叉车按功能划分，可以分为＿＿＿＿＿＿＿、＿＿＿＿＿＿、＿＿＿＿＿＿、＿＿＿＿＿＿、＿＿＿＿＿＿、＿＿＿＿＿＿等类型。

（4）起重机是指在一定范围内＿＿＿＿＿＿和＿＿＿＿＿＿重物的多动作起重机械。又称＿＿＿＿＿、＿＿＿＿＿、＿＿＿＿＿。

练习与自测

1. 单选题

（1）下列属于轻小型起重机械的是（ ）。
　A. 轮胎式起重机　B. 手动葫芦　C. 龙门式起重机　D. 装卸桥

（2）下列叉车中的（ ）比较适合搬运长条形货物。
　A. 平衡重式叉车　B. 前移式叉车　C. 侧面式叉车　D. 拣选式叉车

（3）千斤顶属于起重机械中的（ ）。
　A. 桥架类型起重机　B. 臂架类型起重机　C. 轻小型起重机　D. 升降机

2. 判断题

（1）汽车起重机是一种专用起重机。（ ）

（2）平衡重式叉车具有自重大、轮距大、行走稳定、转弯半径小的特点。（ ）

（3）托盘车按动力来源不同可以分为手动托盘车和电动托盘车。（ ）

3. 看图填空题（根据图片写出设备的名称）

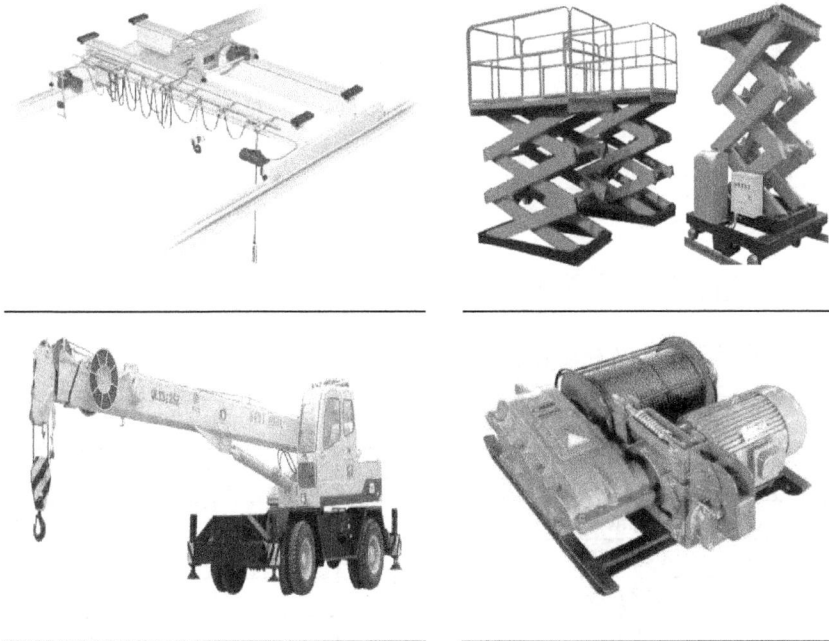

＿＿＿＿＿＿＿＿　　＿＿＿＿＿＿＿＿

＿＿＿＿＿＿＿＿　　＿＿＿＿＿＿＿＿

集装单元器具

【教学目标】

教学目标：认知集装单元器具。

能力目标：能够根据不同的货物选择托盘和集装箱。

情感目标：培养学生的沟通表达能力、团队合作精神、积极思考的态度。

【引入案例】

小红在××物流公司工作时，常常运用托盘、集装箱等设备，经过了解，发现这些设备的运用有很多注意事项，为了提高自己的业务水平，小红赶紧学习集装设备。

【知识导航】

1. 集装化的定义

集装化是指用集装器具或采用捆扎方法，把物品组成标准规格的单元货件，以加快装卸、搬运、储存，运输等物流活动。从包装角度来看，集装是一种按一定单元将杂散物品组合包装的形态，属于大型包装的形态。

2. 集装器具的分类

集装器具的种类很多，包括托盘、集装箱、集装袋，其变形体有集装网络、集装罐、集装筒、集装货捆等，但物流中主要是指集装箱和托盘。

任务一 认识和选择托盘

【小测试】 根据货物选择托盘。

将托盘的编码和托盘的名称填在表 5-1 中。

表 5-1 任务表

序号	物品	托盘编码	托盘名称
1	普通纸箱		
2	不规则货物		
3	袋装货物		
4	杂货		

【知识链接】

一、托盘概述

托盘是指用于集装、堆放、搬运、运输的放置作为单元负荷的货物和制品的水平平台装置。托盘是物流作业过程中重要的装卸、储存和运输设备。一般来说，托盘与叉车的配合提高了物流的机械化水平，在现代物流中发挥着巨大的作用。目前，物流学界对中国托盘标准选用有两种不同的主张：一种是主"长"派，主张中国选用 1200mm×1000mm 长方形托盘国际标准；另一种是主"正"派，主张中国选用 1100mm×1100mm 正方形托盘国际标准。

二、托盘的种类

（一）平托盘

平托盘是使用范围最广、使用数量最大、通用性最好的托盘。

1.根据台面不同，分为单面型托盘、单面使用型托盘、双面使用型托盘、翼型托盘这四种。

（1）单面型托盘（如图 5-1 所示）是指只有一面有铺板、结构强度较小的托盘。它载荷较轻。

（2）单面使用型托盘（如图 5-2 所示）是指两面均有铺板，但只有一面可以载货的托盘。这种托盘比较常见。

图 5-1　单面型托盘

图 5-2　单面使用型托盘

（3）双面使用型托盘（如图 5-3 所示）是指两面均有铺板，并且都是载货面的托盘。其载荷强度较大，可以放在滚筒输送机上运送，也可以堆垛，多用于运输行业中。

（4）翼型托盘（如图 5-4 所示）是指铺板的两端突出于纵梁侧面的托盘，又分为单翼型和双翼型两种。这种托盘可供起重机搬运时吊挂。

图 5-3　双面使用型托盘

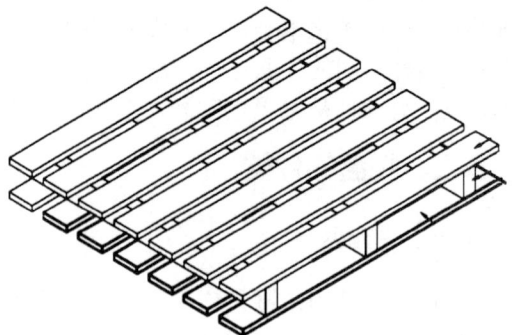

图 5-4　翼型托盘

2. 根据材料分类可以分为木制平托盘、钢制平托盘、塑料制平托盘、复合材料平托盘、纸制平托盘这五种。

（1）木制平托盘（如图 5-5 所示）。

（2）钢制平托盘（如图 5-6 所示）。

图 5-5　木制平托盘

（3）塑料制平托盘（如图 5-7 所示）。

图 5-6　钢制平托盘

图 5-7　塑料制平托盘

（4）复合材料平托盘（如图 5-8 所示）。

（5）纸制平托盘（如图 5-9 所示）。

图 5-8　复合材料平托盘

图 5-9　纸制平托盘

（二）柱式托盘

柱式托盘（如图 5-10 所示）是指托盘的 4 个角有钢制立柱，柱子上端可用横梁连接，形成框架。它适合于袋装货物。

（三）箱式托盘

箱式托盘（如图 5-11 所示）是指四面有侧板的托盘，有的箱体上有顶板，有的没有顶板。箱式托盘适合不规则的货物，既适合叉车的叉取，也适合起重机的起吊。

（四）轮式托盘

轮式托盘（如图 5-12 所示）是指下部有小型轮子的托盘。它的上部可以是柱式托盘的框架结构，也可以是箱式托盘的箱体结构。因此，轮式托盘显示出能短距离移动、自行搬运或滚上滚下式的装卸等优势，其用途广泛、适用性强。

图 5-10　柱式托盘

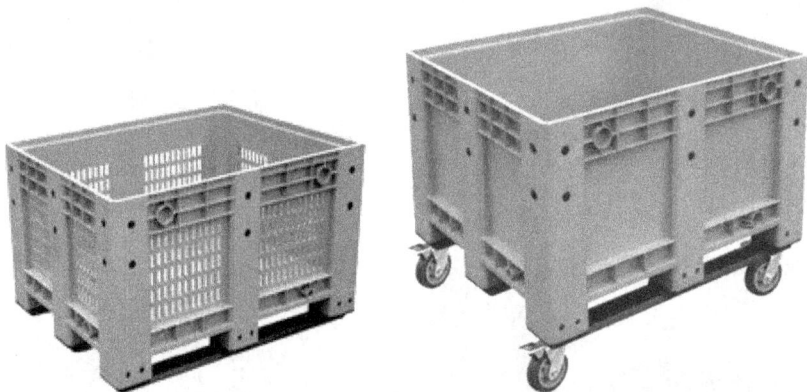

图 5-11　箱式托盘　　　　　　　　图 5-12　轮式托盘

（五）特种专用托盘

由于托盘制作简单、造价低，所以对某些较大数量运输的货物都可制出装载效率高、装运方便、适于该种物品特殊要求的专用托盘。现在，各国采用的专用托盘种类不可胜数，都在某些特殊领域中发挥作用，比如有平板玻璃集装托盘、油桶专用托盘、货架式托盘、长尺寸物托盘、轮胎专用托盘、滑板托盘等。

三、托盘的使用方法

（一）合理码放

每个托盘的载重量应小于或等于 2t。为了运输途中的安全，所载货物的重心高度不应超过托盘宽度的三分之二。

托盘的堆码方法包括重叠式堆码（如图 5-13 所示）、纵横交错式堆码（如图 5-14 所示）、正反交错式堆码（如图 5-15 所示）和旋转交错式堆码（如图 5-16 所示）。

（二）捆扎裹包

托盘承载货物的固定方式主要有捆扎、胶合束缚、拉伸包装，并可相互配合使用。

对托盘货物的码放方式有如下要求。

（1）木质、纸质和金属容器等硬质直方体货物应采用单层或多层交错码放，拉伸或收缩包装。

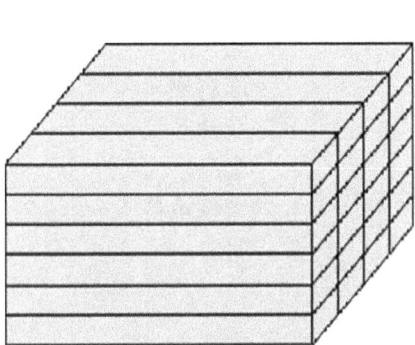

图 5-13　重叠式堆码　　　　　图 5-14　纵横交错式堆码

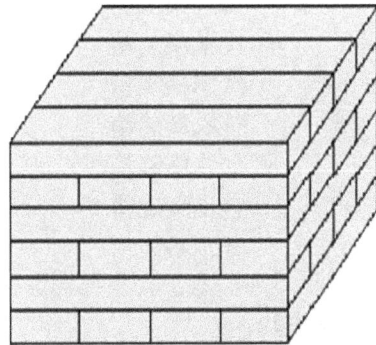

图 5-15　正反交错式堆码　　　　　图 5-16　旋转交错式堆码

（2）纸质或纤维质类货物应采用单层或多层交错码放，用捆扎带做十字封合。

（3）密封的金属容器等圆柱体货物应采用单层或多层码放，用木质货盖加固。

（4）需进行防潮、防水等防护的纸质品、纺织品货物应采用单层或多层交错码放，用拉伸或收缩包装或增加角支撑、货物盖隔板等来加固结构。

（5）易碎类货物应采用单层或多层码放，增加木质支撑隔板结构。

（6）金属瓶类圆柱体容器或货物应采用单层垂直码放，增加货框及板条加固结构。

（7）袋类货物应采用多层交错压实码放。

（三）防护加固

对托盘承载的货物进行固定后，对仍不能满足运输要求的货物应该根据需要选择防护加固附件。加固防护附件由纸质、木质、塑料、金属或者其他材料制成。

任务二　认识和选择集装箱

【小测试】 根据货物选择集装箱并连线。

杂货集装箱	玉米
散货集装箱	生牛皮
罐式集装箱	小轿车
冷藏集装箱	鸡
汽车集装箱	冻鸡翅
挂衣集装箱	石油
动物集装箱	食品
兽皮集装箱	大件设备
开顶集装箱	衬衣

【知识链接】

一、集装箱概述

集装箱是一种运输设备，应满足下列要求：（1）具有足够的强度，可长期反复使用。（2）适合于一种或多种运输方式运送，途中转运时，箱内货物不需换装。（3）具有快速装卸和搬运的装置，特别便于从一种运输方式转移到另一种运输方式。（4）便于货物装满和卸空。（5）具有 $1m^3$ 及以上的容积。

集装箱这一术语不包括车辆和一般包装。

二、集装箱的种类

（一）根据所装货物的种类划分

1. 杂货集装箱

杂货集装箱（如图 5-17 所示）是最普通的集装箱，主要用于运输一般杂货，是适合于各种不需要调节温度的货物使用的集装箱，一般称为通用集装箱。

2. 散货集装箱

散货集装箱（如图 5-18 所示）是用以装载粉末、颗粒状货物等各种散装货物的集装箱。

3. 罐式集装箱

罐式集装箱（如图 5-19 所示）是用以装载液体货物的集装箱，是一种安装于紧固外部框架内的不锈钢压力容器。它是用于装运酒类、油类、液体食品、化学药品等液体货物的集装箱。

4. 冷藏集装箱

冷藏集装箱（如图 5-20 所示）是一种附有冷冻机设备、在内壁敷设热传导率较低的材料，用以装载冷冻、保温、保鲜货物的集装箱。

5. 开顶集装箱

开顶集装箱（如图 5-21 所示）也称敞顶集装箱。它不具有刚性箱顶，但可采用可折式顶梁

图 5-17　杂货集装箱

图 5-18　散货集装箱

图 5-19　罐式集装箱

图 5-20　冷藏集装箱

图 5-21　开顶集装箱

支撑的帆布、塑料布或涂塑布制成的顶篷，装运时用防水布覆盖顶部，其水密要求和干货箱一样，可用起重机从箱顶上面装卸货物。它适合于装载体积高大的大型物和需用起重机起吊的重物。

6. 专用集装箱

（1）汽车集装箱

汽车集装箱（如图 5-22 所示）是一种专门用来装运汽车的有两层结构的集装箱。

（2）动物集装箱

动物集装箱（如图 5-23 所示）是一种专门用来装运活动物的集装箱，它有通风设施、喂料和除粪装置。

（3）挂衣集装箱

挂衣集装箱（如图 5-24 所示）是一种专门用来装载服装的集装箱。它的箱内上侧梁上装有许多根横杆，每根横杆上垂下若干条皮带扣、尼龙带扣或绳索，服装利用衣架上的钩，直接挂在带扣或绳索上。

图 5-22 汽车集装箱

图 5-23 动物集装箱

图 5-24 挂衣集装箱

（4）兽皮集装箱

兽皮集装箱是一种专门用来装运生皮等具有渗漏性质的货物，有双层底，可存储渗漏液体的集装箱。

（二）根据制造材料划分，集装箱的分类如表 5-2 所示

表 5-2 集装箱根据制造材料分类表

集装箱分类	优缺点
钢制集装箱	优点是强度大，焊接性高，水密性好，价格低廉； 缺点是重量大、防腐性差
铝合金集装箱	优点是重量轻，外表美观，防腐性好，加工方便，比较耐用； 缺点是造价高，焊接性能差
玻璃钢集装箱	优点是强度大，容积大，隔热、防腐、耐化学性好，容易清扫，修理简便； 缺点是重量大，易老化，拧螺栓处强度降低

（三）根据规格尺寸分，可以分为20英尺货柜、40英尺货柜、40英尺超高柜和45英尺货柜。具体的尺寸如表5-3所示

表5-3 集装箱规格尺寸表

箱型		外尺寸			内尺寸			箱门		内容积	重量		
		长	宽	高	长	宽	高	宽	高		自重	载重	总重
		英尺'英寸"/毫米mm			毫米mm			毫米mm		m³	千克kg		
干货箱	20'	20'/6096	8'/2438	8'6"/2591	5925	2340	2379	2286	2278	33	1900	22 100	24 000
	40'	40'/12 192	8'/2438	8'6"/2591	12 043	2336	2379	2286	2278	67	3084	27 396	30 480
	40'超高	40'/12 192	8'/2438	9'6"/2896	12 055	2345	2685	2340	2585	76	2900	29 600	32 500
	45'	45'/13 716	8'/2438	9'6"/2896	13 580	2347	2696	2340	2585	86	3800	28 700	32 500
冷冻箱	20'	20'/6096	8'/2438	8'6"/2591	5440	2294	2273	2286	2238	28	2750	24 250	27 000
	40'	40'/12 192	8'/2438	8'6"/2591	11 577	2294	2210	2286	2238	59	3950	28 550	32 500
	40'超高	40'/12 192	8'/2438	9'6"/2896	11 577	2294	2509	2290	2535	67	4150	28 350	32 500
	45'	45'/13 716	8'/2438	9'6"/2896	13 102	2286	2509	2294	2535	75	5200	27 300	32 500
开顶箱	20'	20'/6096	8'/2438	8'6"/2591	5919	2340	2286	2286	2251	32	2177	21 823	24 000
	40'	40'/12 192	8'/2438	8'6"/2591	12 056	2340	2374	2343	2274	67	4300	26 180	30 480
框架箱	20'	20'/6096	8'/2438	8'6"/2591	5935	2398	2327	—	—		2560	21 440	24 000
	40'	40'/12 192	8'/2438	8'6"/2591	12 080	2420	2103	—	—		4300	26 180	30 480
	20'可折	20'/6096	8'/2438	8'6"/2591	5966	2418	2286	—	—		2970	27 030	30 000
	40 可折'	40'/12 192	8'/2438	8'6"/2591	12 064	2369	1943	—	—		5200	39 800	45 000
平台箱	20'	20'/6096	8'/2438	—	—	—	—	—	—		1960	18 360	20 320
	40'	40'/12 192	8'/2438	—	11 823	11 823	—	—	—		4860	39 580	4440
罐箱	20'	20'/6096	8'/2438	8'/2438	—	—	—	—	—	20	2845	21 540	24 385

三、集装箱的使用方法

集装箱的使用方法包括集装箱的装箱操作和货物固定操作。

（一）常见货物的装箱操作

1.箱装货物的装箱操作

（1）箱装货物的装箱应从箱里往外装，或从两侧往中间装。

（2）不同尺寸的箱装货物混装时，箱装货物应大小合理搭配，做到紧密装箱。

（3）对拼箱的箱装货物应进行隔票。隔票时可使用纸、网、胶合板、垫货板等材料进行隔开，也可以用粉笔、带子等做记号。

（4）当箱装货物不足以装满一个集装箱时，应该让集装箱底面占满，而不是一味追求货物的堆垛高度。

（5）装载小型箱装货物时，为了防止塌货，可采用纵横交叉的堆装法。

（6）装载比较重的小型箱装货物时，可采用压缝式堆码法，使上层的木箱压在下层两个木箱的接缝上。

（7）装载特别重的箱装货物时，经常会形成集中负荷或偏心负荷，必须有专用的固定设施，不让货物与集装箱前后端壁接触。

2. 托盘货物的装箱操作

（1）根据托盘的尺寸若在集装箱内横向只能装一块时，则托盘货物必须放在集装箱的中央。

（2）托盘货物装进框架集装箱时，必须使集装箱前后、左右的重量平衡。

3. 捆装货物的装箱操作

捆装货物一般可横向装载或竖向装载，只要能够充分利用集装箱容积即可。

4. 袋装货物的装箱操作

（1）袋装货物可以用粘贴剂粘固，或者在袋装货物的中间插入衬垫板和防滑粗纸。

（2）袋包一般在中间成鼓凸形，常用的堆装方法有重叠法和纵横交错法。

（二）常见货物的固定操作

1. 箱装货物的固定操作

（1）假如集装箱内装的是统一尺寸的大型箱，则会产生空隙。当空隙大于 10cm 时，需要按货物的具体情况加固。

（2）在横向产生 250～300cm 的空隙时，可以利用上层货物的重量把下层货物压住，最上层货物一定要塞满或加固。

（3）如果装载的是重货纸箱，则对集装箱的中间层需要加固。

（4）箱门端留有较大的空隙时，需要利用方形木条来对货物进行加固。

（5）对于重心较高的木箱，紧靠底部固定是不够的，还必须在上面用木条撑紧。

（6）装载框箱时，通常使用钢带拉紧，或用具有弹性的尼龙带或布带来代替钢带。

2. 托盘货物的固定操作

（1）托盘货物在集装箱中间装载时，要用纵向垫木等进行固定。

（2）装载两层以上的货物时，无论空隙是横向还是纵向，底部都应用挡木固定，而上层货板货还需要用跨挡木条塞紧。

（3）如果托盘数为奇数，则应把最后一块托盘放在中央，并用绳索通过系环拉紧。

（4）托盘货物装货后应用带子把货物拉紧，货物或装完后，集装箱上应加罩帆布或塑料薄膜。

3. 捆装货物的固定操作

（1）捆装货物在装载时，一般都要用厚木板等进行衬垫。

（2）用粗布包装的捆装货物，一般比较稳定而不需要进行固定。

4. 袋装货物的固定操作

为防止袋装货堆装过高而有塌货的危险，对袋装货物需要用系绑用具进行固定。

❓ 小结

（1）集装器具的种类很多，但在物流中主要是指_____和_____。

（2）目前，中国托盘标准选用_____和_____。

（3）集装箱是一种_____设备，应满足下列要求：具有足够的_____，可长期反复使用；适合于_____种或_____种运输方式运送，途中转运时，箱内货物_____换装；具有＿＿＿＿＿＿装卸和搬运的装置，特别是便于从一种运输方式转移到另一种运输方式；便于货物＿＿＿＿＿＿和＿＿＿＿＿＿＿；具有＿＿＿＿＿m³ 及以上的容积。

练习与自测

1. 单选题

（1）下面不属于托盘堆码的方式是（　　　）。

　　A. 重叠式堆码　　　B. 正反交错式堆码　　C. 纵横交错式堆码　　D. 仰俯交错式堆码

（2）下列属于标准集装箱的是（　　　）。

　　A. 20 英尺货柜　　　B. 40 英尺货柜　　　　C. 40 英尺高柜　　　　D. 45 英尺货柜

2. 判断题

（1）密封的金属容器等圆柱体货物应单层或多层码放，用捆扎带做十字封合。（　　　）

（2）铁路线路包括路基、火车站和轨道三个部分。（　　　）

3. 看图填空题（根据图片写出设备的名称）

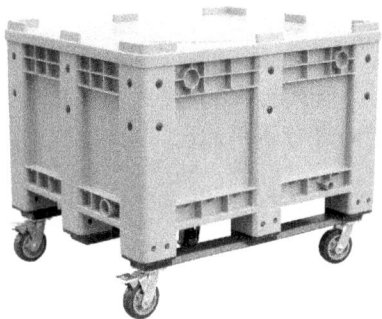

_____

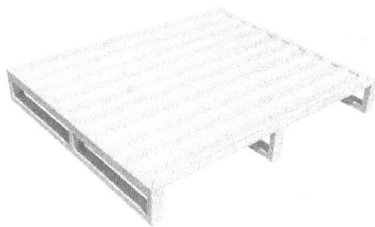

_____

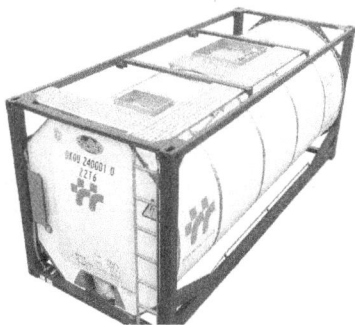

_____

_____

包装设施与设备

【教学目标】

教学目标：认知包装设施与设备。

能力目标：能够正确选择包装材料和包装方式。

情感目标：培养学生积极思考的态度、合理节约耗材的理念。

【引入案例】

小红准备发货给客户，出库前需要对不同的产品进行包装，以避免在运输过程中出现货损的现象。由于货物种类不同，小红需要对不同货物进行不同的包装处理。

【知识导航】

1. 包装的定义

包装是指在流通过程中保护产品，方便储运，促进销售，按一定的技术方法所用的容器、材料和辅助物等的总体名称，也指为达到上述目的施加一定技术方法的活动行为。

2. 包装的作用：保护产品，方便储运，促进销售。

3. 包装的分类如表 6-1 所示。

表 6-1　包装的分类

分类角度	示例
按包装形态分	个体包装、内包装、外包装
按包装作用分	商业包装、工业包装、流通包装
按包装方法分	真空包装、充气包装、防潮包装、缠绕包装、热缩包装、防震包装、无菌包装、防锈包装、防虫包装等
按包装材料分	纸箱包装、木箱包装、金属包装、塑料包装等
按商品种类分	食品包装、药品包装、机械包装、危险品包装等
按商品形态分	固体包装、液体包装、气体包装、粉末颗粒包装

任务一 认识和选择包装材料与方法

【小测试】 包装方法分类。

请将以下图片的包装方法分成三大类，将图片下的编号写在横线上，并指出它们是什么包装方法。

第一类：_____。

第二类：_____。

第三类：_____。

A

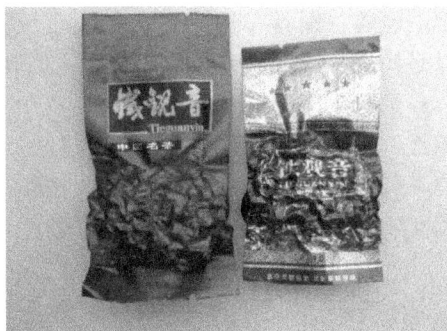

B

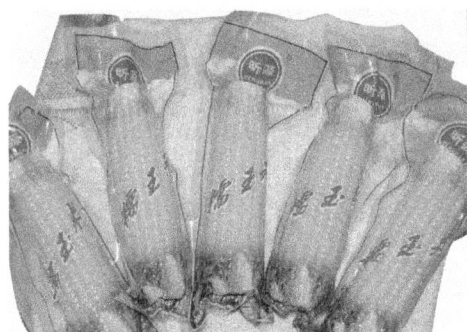

C

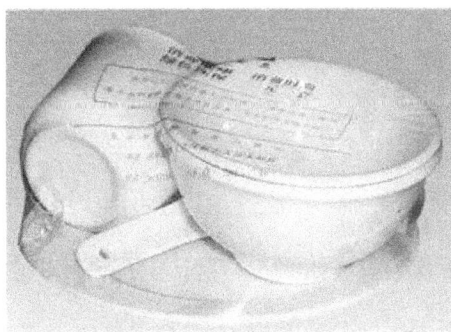

D

E

F

【知识导航】

一、包装材料和包装容器概述

包装材料是指用于制造包装容器、包装装潢、包装印刷、包装运输等满足产品包装要求所使用的材料。

包装方法是指对货物进行装箱、装盒、装袋、包裹、捆扎等作业。

二、包装材料的种类

（一）纸质包装材料

纸质包装材料具有易加工、成本低、适于印刷、重量轻可折叠、无毒、无味、无污染等优点，是应用最广泛的包装材料之一；但其耐水性差，在潮湿时强度差。

1. 箱板纸

箱板纸（如图 6-1 所示）又称牛皮纸、牛卡纸，是纸箱用纸的主要纸种之一。

2. 瓦楞纸

瓦楞纸（如图 6-2 所示），俗称"坑张"、"瓦楞纸"、"瓦楞芯纸"、"瓦楞纸芯"、"瓦楞原纸"。

图 6-1　箱板纸　　　　　　　　　　图 6-2　瓦楞纸

3. 瓦楞纸板

瓦楞纸板（如图 6-3 所示）是一个多层的黏合体，它最少由一层瓦楞纸芯夹层及一层纸板构成。

图 6-3　瓦楞板纸

4. 蜂窝纸

蜂窝纸（如图 6-4 所示）是根据蜂巢结构原理制作的，它是把原纸用胶黏结方法连接成无数个空心立体正六边形，形成一个整体的受力件——纸芯，并在其两面黏合面纸而成的一种新型夹层结构的环保节能材料。

优点：质轻、用料少、成本低。

缺点：耐戳穿性能等较差。

5. 玻璃纸

玻璃纸（如图 6-5 所示）又称赛璐玢，是一种透明度高并有光泽的再生纤维素薄膜。它的分子团间隙存在着一种奇妙的透气性，这对商品的保鲜十分有利。

图 6-4　蜂窝纸

图 6-5　玻璃纸

6. 沥青纸

沥青纸（如图 6-6 所示）、油纸、蜡纸（如图 6-7 所示）是指原纸在浸泡沥青、油或蜡而制成，主要用于工业包装。

图 6-6　沥青纸

图 6-7　蜡纸

（二）塑料包装材料

1. PET（聚对苯二甲酸乙二醇酯）

PET 材料制作的容器就是常见的装汽水的塑料瓶，也俗称"宝特瓶"（如图 6-8 所示）。

2. HDPE（高密度聚乙烯，如图 6-9 所示）

HDPE 多用于制作清洁剂、洗发精、沐浴乳、食用油、农药等的容器。

3. PVC（聚氯乙烯，如图 6-10 所示）

PVC 常用于制作雨衣、建材、塑料膜、塑料盒等。其可塑性优良，价钱便宜，故使用很普遍。缺点：只能耐热 81℃；高温时容易产生不好的物质，很少被用于食品包装；难清洗易残留，不能循环使用。

图 6-8　宝特瓶

图 6-9　高密度聚乙烯

图 6-10　聚氯乙烯

4. LDPE（低密度聚乙烯，如图 6-11 所示）

LDPE 多用于制造塑料袋，常见的有保鲜膜、塑料膜等。保鲜膜不能放进微波炉，高温

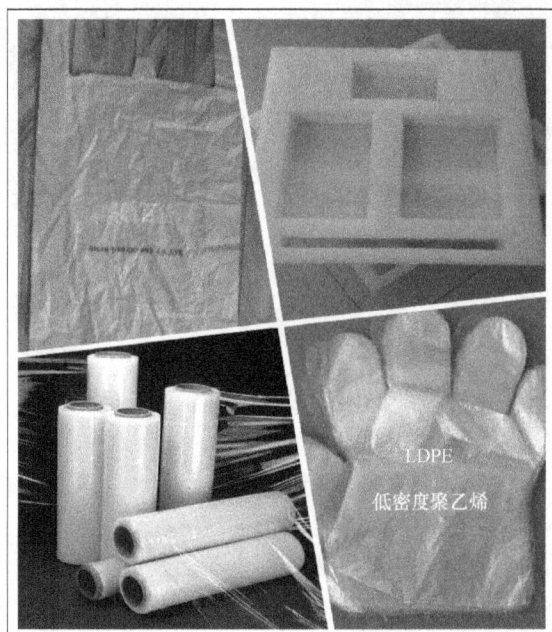

图 6-11　低密度聚乙烯

时会产生有害物质，有毒物质随食物进入人体后，可能引起乳腺癌、新生儿先天缺陷等疾病。

低密度聚乙烯经过物理发泡后，可成为良好的防震包装材料 EPE——"珍珠棉"。

5. PP（聚丙烯，如图 6-12 所示）

PP 多用于制造水桶、垃圾桶、箩筐、篮子、微波炉用食物容器（其熔点高达 167℃，是唯一可以放进微波炉的塑料盒，可在小心清洁后重复使用）等。

图 6-12　聚丙烯

6. PS（聚苯乙烯，如图 6-13 所示）

PS 由于其吸水性低，多用于制造建材、玩具、文具、滚轮，以及速食店盛饮料的杯盒或一次性餐具。

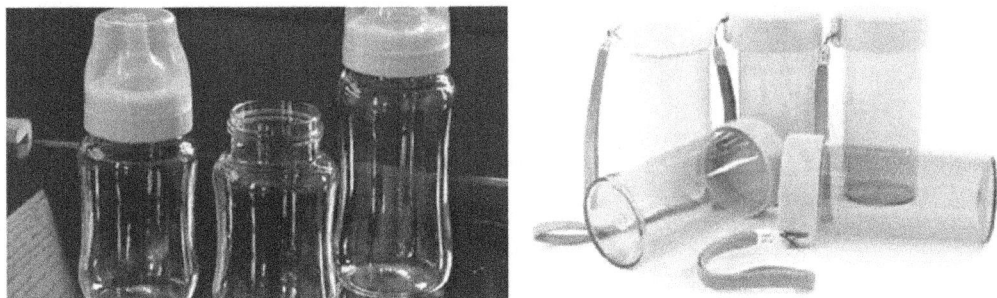

图 6-13　聚苯乙烯

7. 其他

PC 类（如图 6-14 所示），如水壶、太空杯、奶瓶。PC 类在高温情况下易释放出有毒的物质双酚 A，对人体有害。

PA 类（如图 6-15 所示）即尼龙，多用于制作纤维纺织品和家电产品的内部零件。

塑料品种多，很难分辨种类。上述几种常见的塑料分类情况是以回收标准进行归类的（如图 6-16 所示）。

图 6-14   PC 类

图 6-15   PA 类

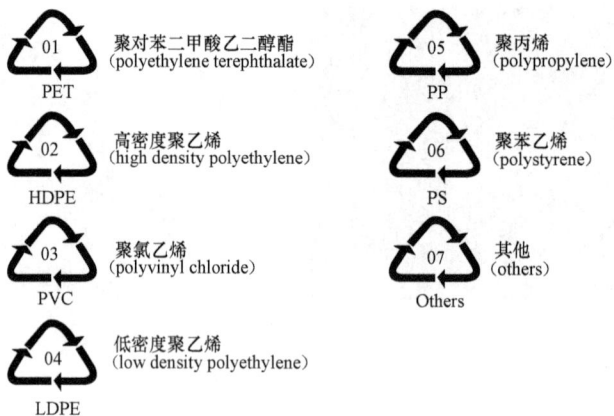

聚对苯二甲酸乙二醇酯
(polyethylene terephthalate)
01
PET

高密度聚乙烯
(high density polyethylene)
02
HDPE

聚氯乙烯
(polyvinyl chloride)
03
PVC

低密度聚乙烯
(low density polyethylene)
04
LDPE

聚丙烯
(polypropylene)
05
PP

聚苯乙烯
(polystyrene)
06
PS

其他
(others)
07
Others

图 6-16   塑料的分类

（三）木质包装材料

木质包装材料通常分为板材和木方。

板材大致可分为密度板、刨花板、饰面板、木工板、胶合板、三聚氰胺板、集成材、欧松板、无甲醛秸秆板等 9 种类型。

包装上常用的板材一般选用比较便宜的板材。例如：密度板（如图 6-17 所示）、刨花板（如图 6-18 所示）、胶合板（如图 6-19 所示）。

木方主要用于构建框架（如图 6-20 所示）。

图 6-17　密度板

图 6-18　刨花板

图 6-19　胶合板

图 6-20　木方

（四）金属包装材料

金属包装材料主要分为钢材和铝材两大类。

1. 钢材

与其他金属包装材料相比，钢材来源较丰富，能耗和成本也较低，至今仍占金属包装材料的首位，包装用钢材主要是低碳薄钢板。

（1）冷（热）轧低碳薄钢板。主要用于制造大中型运输包装容器，如集装箱、钢桶、钢箱等，以及捆扎材料。

（2）镀锌薄钢板。又称白铁皮，是制桶（罐）的材料之一，主要用于制造工业产品包装容器。

（3）镀锡薄钢板。又称马口铁，是制造桶（罐）的主要材料，大量用于罐头工业，也可以用来制造其他食品和非食品的桶（罐）容器。

（4）镀铬薄钢板。又称无锡钢板，是制造桶（罐）的主要材料之一，可部分代替马口铁，主要用于制造食品包装容器（如饮料罐）等。

2. 铝材

铝质包装材料的使用历史较短，但由于铝具有某些比钢优异的性能，特别是铝资源丰富，铝的提炼方法有了很大的改进，故铝作为包装材料近年发展得很快，在某些方面已取代了钢质包装材料。

（五）玻璃包装材料

由于玻璃具有透光、多彩的优势，通常用于商业包装。利用玻璃透光、多彩的优势，可以达到美化商品的作用。

（六）陶瓷包装材料

陶瓷因其低成本、可塑性、精美的造型，成为现代包装行业中一种十分常见且重要的包装材料，并被广泛运用于酒类、食品以及化工行业。按造型进行分类可以分为缸器，坛类、罐类、瓶类。

（七）复合包装材料

复合材料是指两种或两种以上材料经过一次或多次复合工艺而组合在一起，从而构成一定功能的材料。因为复合包装材料所牵涉的原材料种类较多，性质各异，哪些材料可以结合或不能结合，用什么东西黏合等，问题比较多而复杂，所以必须对它们精心选择，方能获得理想的效果。

三、包装方法

（一）真空包装

真空包装（如图6-21所示）是指将物品装入气密性包装容器，在密封之前抽出容器内空气，使密封后的容器内达到预定真空度的一种包装方法。

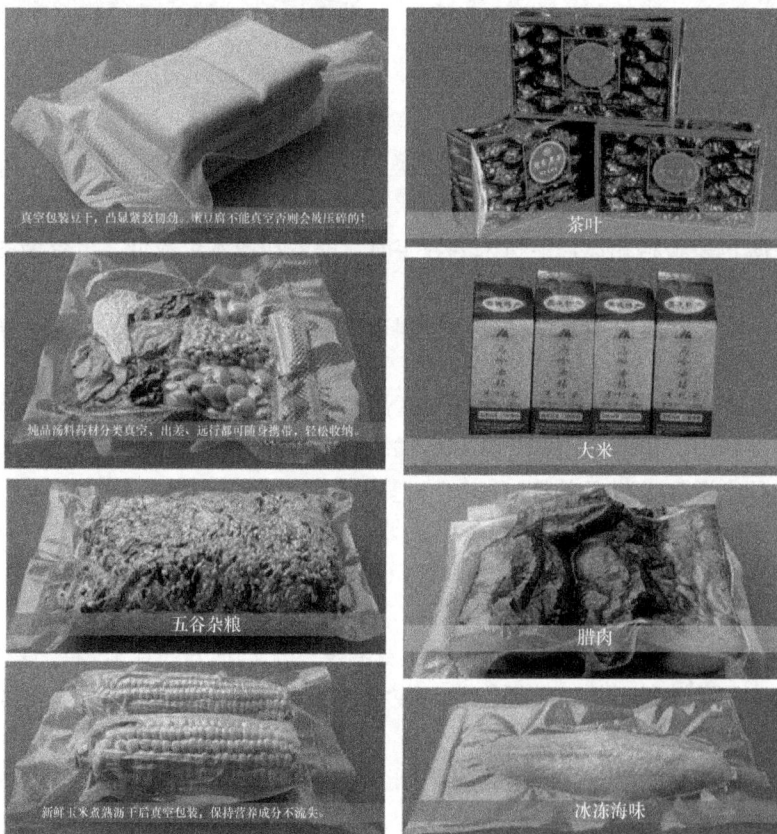

图6-21　真空包装

（二）充气包装

充气包装（如图 6-22 所示）是指将物品装入完全密闭的包装容器，再用氮、二氧化碳等气体置换容器中原有空气的一种包装方法。

图 6-22　充气包装

（三）防潮包装

防潮包装（如图 6-23 所示）是指采用具有一定隔绝水蒸气能力的材料对物品进行包封，隔绝外界湿度对产品的影响，或在包装容器内加干燥剂，以吸收包装内残留潮气和由外界透入的潮气的一种包装方法。

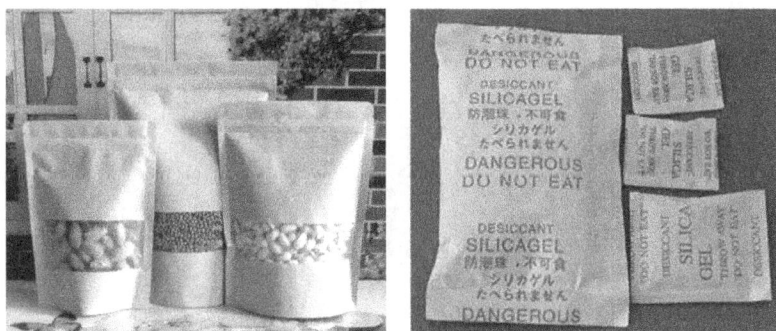

图 6-23　防潮包装

（四）缠绕包装

缠绕包装（如图 6-24 所示）又称为拉伸包装，是指用弹性薄膜在拉伸时缠绕裹包物品，当外力撤销时，薄膜自身的回弹力即可包紧物品的一种包装方法。

（五）热缩包装

热缩包装（如图 6-25 所示）又称为收缩包装，是指用热收缩薄膜裹包物品或包装件，然后加热使薄膜收缩，从而包紧物品或包装件的一种包装方法。

（六）防震包装

防震包装又称为缓冲包装，是指为减缓内装物受到的冲击和震动，保护其免受损坏所采取一定防护措施的包装方法。

图 6-24　缠绕包装

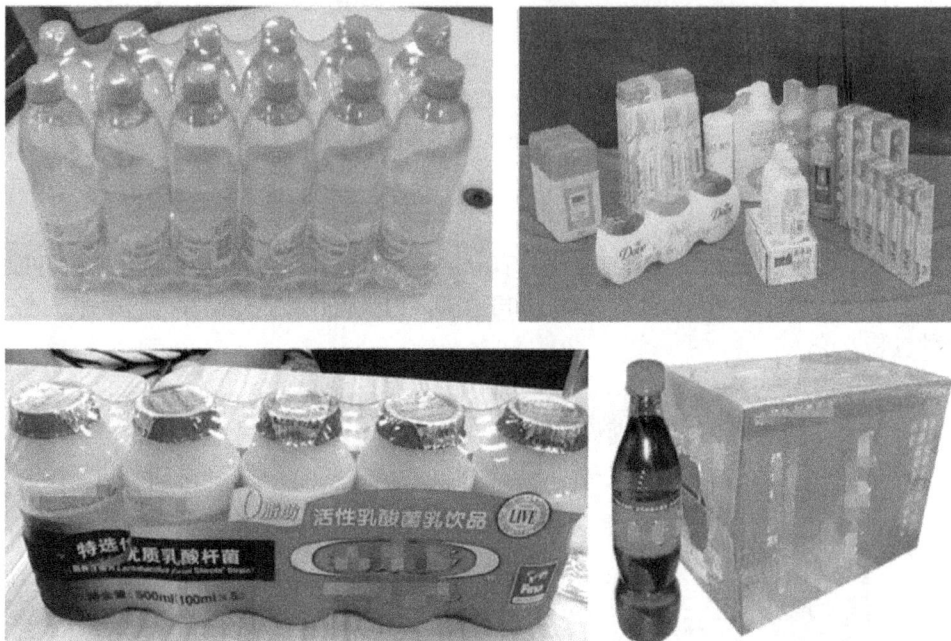

图 6-25　热缩包装

防震包装有以下三种类型。
1. 全面防震包装（如图 6-26 所示）
2. 局部防震包装（如图 6-27 所示）

图 6-26　全面防震包装

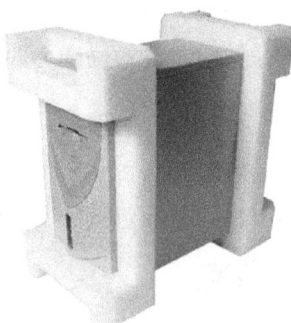

图 6-27　局部防震包装

3. 悬浮防震包装

对于某些贵重易损的物品，为了有效地保证在流通过程中不被损坏，外包装容器应比较坚固，然后用绳、带、弹簧等将被装物悬吊在包装容器内。在物流中，无论哪个操作环节，内装物都应被稳定悬吊而不与包装容器发生碰撞，从而减少损坏。悬浮防震包装可以分为弹簧悬浮防震包装（如图 6-28 所示）和薄膜悬浮防震包装（如图 6-29 所示）。

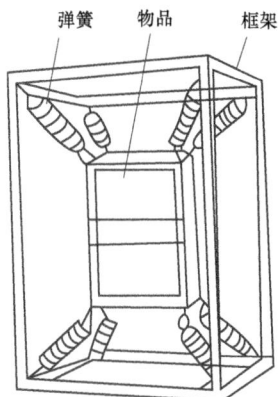

图 6-28 弹簧悬浮防震包装

图 6-29 薄膜悬浮防震包装

（七）无菌包装

无菌包装（如图 6-30 所示）是指对接触物品的包装材料、容器进行无菌处理，并在无菌环境中进行物品包装。

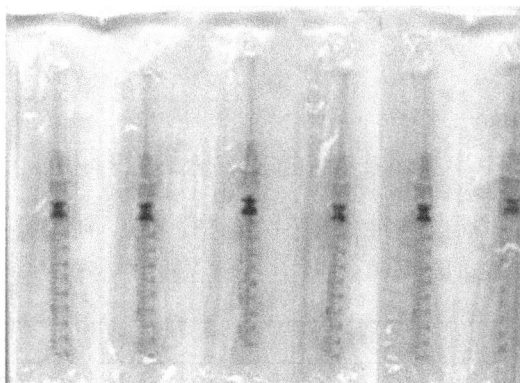

图 6-30 无菌包装

（八）防锈包装

防锈包装（如图 6-31 所示）是指为防止包装内金属物品的锈蚀损坏而采取的一定防护措施的包装。

（九）防虫包装

防虫包装（如图 6-32 所示）是指在包装内放入具有毒性或臭味的驱虫剂，利用药物在包装中挥发气体杀灭和驱除各种害虫的一种方法。

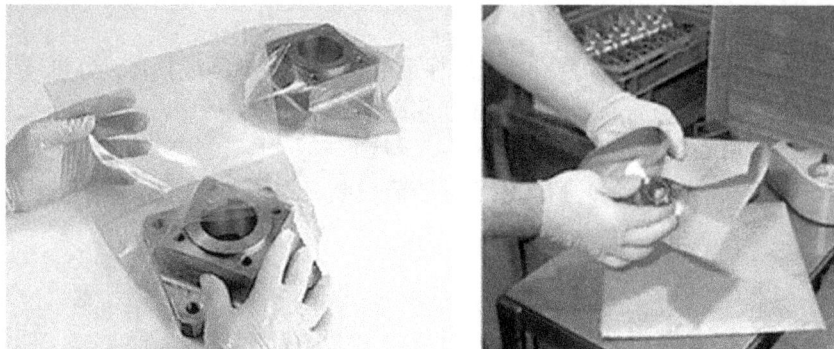

图 6-31   防锈包装

图 6-32   防虫包装

任务二   认识包装设备

【小测试】   对包装设备进行排序。

假设公司准备对某饮料进行包装，请按照顺序排好包装设备，让其包装流程更顺畅。请将设备的编号填在_____上。

_____ → _____ → _____ →
_____ → _____。

1.封口机   2.封箱机   3.灌装机   4.捆扎机   5.裹包机

【知识链接】

一、包装设备概念

（一）包装设备的概念

包装设备是指能完成全部或部分产品和商品包装过程的设备。包装过程包括充填、裹包、封口等主要工序，以及与其相关的前后工序，如清洗、堆码和拆卸等。此外，包装还包括计量或在包装件上盖印等工序。

（二）包装设备的作用

包装是产品进入流通领域的必要条件，而实现包装的主要手段是使用包装机械。随着时代的发展、技术的进步，包装设备在包装领域中发挥着越来越大的作用，其主要作用如下所述。

（1）可大大提高劳动生产率。

（2）能有效地保证包装质量。

（3）能实现手工包装无法实现的操作。

（4）可降低劳动强度，改善劳动条件。

（5）有利于工人的劳动保护。

（6）可降低包装成本，节省储运费用。

（7）能可靠地保证产品卫生。

（8）可促进相关工业的发展。

二、包装设备的种类

（一）充填机

充填机是指将包装物料按预订量充填到包装容器内的机器。

（1）容积式充填机：常见的有量杯式充填机（如图6-33所示）、螺杆式充填机（如图6-34所示）、计量泵式充填机（如图6-35所示）等。

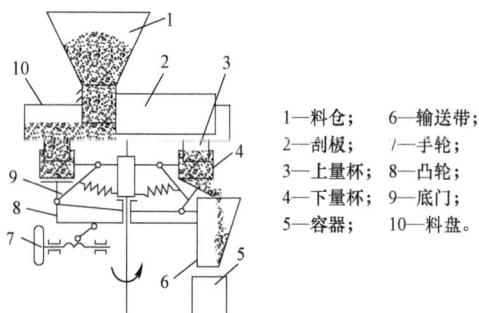

1—料仓；　　6—输送带；
2—刮板；　　7—手轮；
3—上量杯；　8—凸轮；
4—下量杯；　9—底门；
5—容器；　　10—料盘

图6-33　量杯式充填机

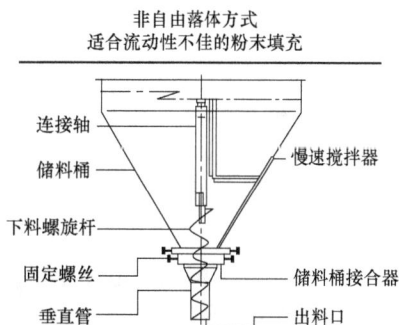

非自由落体方式
适合流动性不佳的粉末填充

连接轴
慢速搅拌器
储料桶
下料螺旋杆
固定螺丝
储料桶接合器
垂直管
出料口

图6-34　螺杆式充填机

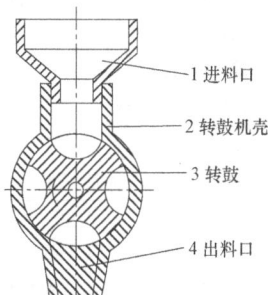

1 进料口
2 转鼓机壳
3 转鼓
4 出料口

图6-35　计量泵式充填机

（2）称重式充填机：常见的有单秤斗称重充填机（如图6-36所示）、多秤斗称重充填机（如图6-37所示）、连续式称重充填机（如图6-38所示）。

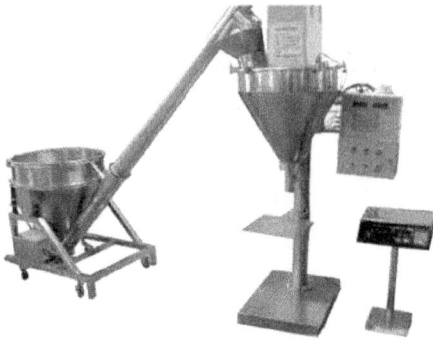

图 6-36　单秤斗称重充填机　　　　图 6-37　多秤斗称重充填机

图 6-38　连续式称重充填机

（3）计数充填机：常见的有单件计数充填机、多件计数充填机等。

（二）液体灌装机

液体灌装机（如图 6-39 所示）是指将液体产品按预订量灌注到包装容器内的机器。

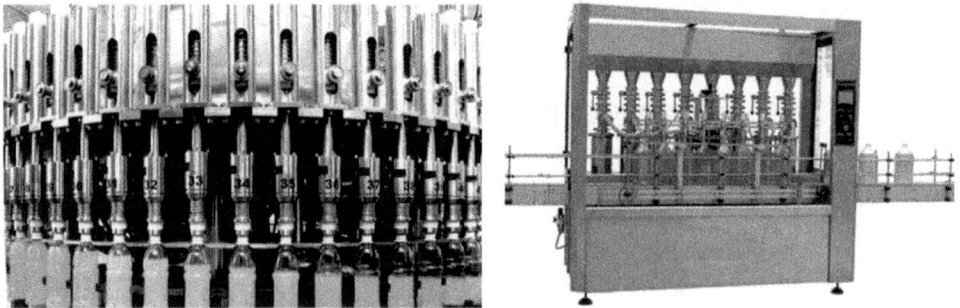

图 6-39　液体灌装机

按灌装原理可分为常压灌装机、压力灌装机和真空灌装机。

（1）常压灌装机是在大气压力下靠液体自重进行灌装，只适用于灌装低黏度不含气体的液体（如牛奶、葡萄酒等）。

（2）压力灌装机是在高于大气压力下进行灌装。压力灌装机适用于含气体的液体灌装，如啤酒、汽水、香槟酒等。

（3）真空灌装机是在瓶中的压力低于大气压力下进行灌装。这种灌装机的结构简单、效率较高，对物料的黏度适应范围较广，如油类、糖浆、果酒等均适用。

（三）封口机

封口机是指将产品盛装于包装容器内后，对容器进行封口的机器。

热压式封口机（如图 6-40 所示）、熔焊式封口机（如图 6-41 所示）、压盖式封口机（如图 6-42 所示）、卷边式封口机（如图 6-43 所示）、压力式封口机（如图 6-44 所示）、缝合式封口机（如图 6-45 所示）等。

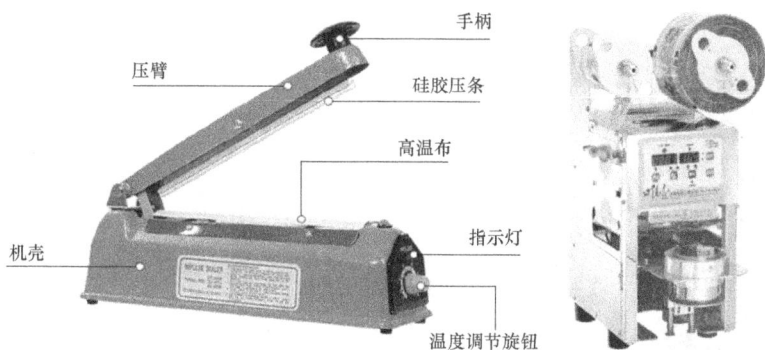

图 6-40　热压式封口机

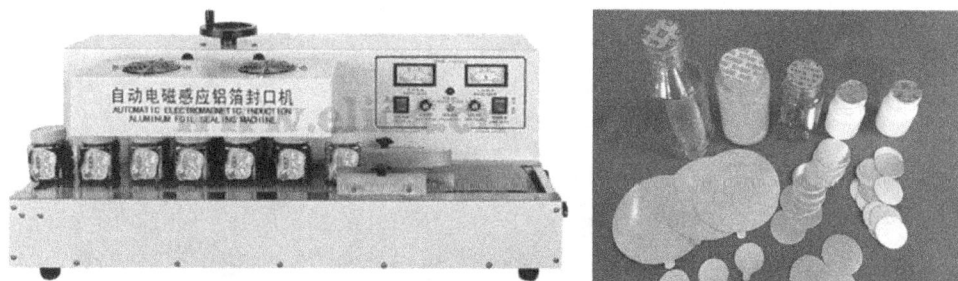

图 6-41　熔焊式封口机

图 6-42　压盖式封口机

图 6-43　卷边式封口机

（四）真空包装机

真空包装机（如图 6-46 所示）能够自动抽出包装袋内的空气，达到预定真空度后完成封

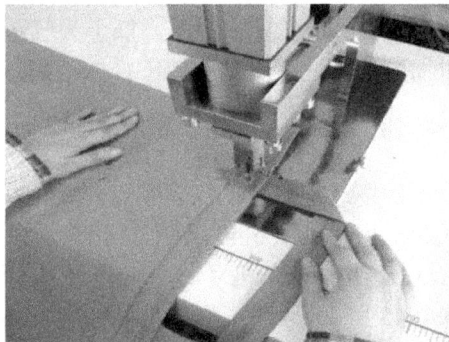

图 6-44　压力式封口机

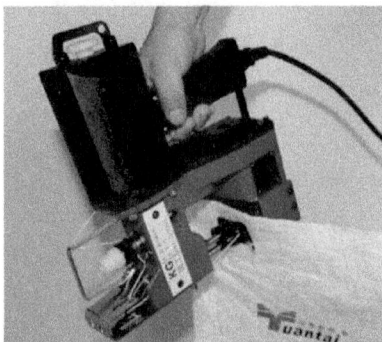

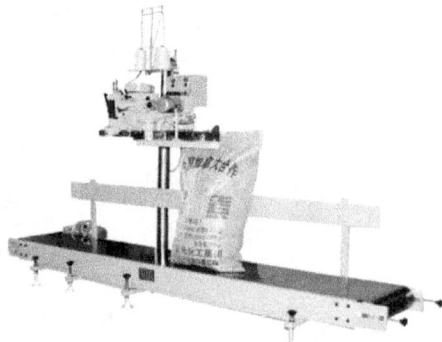

图 6-45　缝合式封口机

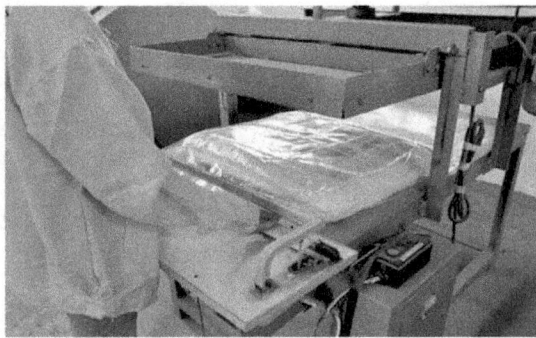

图 6-46　真空包装机

口工序。真空包装机常被用于食品行业，因为经过真空包装以后，食品能够抗氧化，从而达到长期保存的目的。

（五）封箱机

封箱机是指将商品放入纸箱后进行封口的机械。就自动化程度而言，可分为手动封箱机（如图 6-47 所示）、半自动封箱机（如图 6-48 所示）、全自动封箱机（如图 6-49 所示）三种。目前的流通加工大部分采用人工方式，数量较多时可以考虑半自动方式。

（六）捆扎机

捆扎机俗称打包机，是指使用捆扎带缠绕产品或包装件，然后收紧并将两端通过热效应

图 6-47 手动封箱机

图 6-48 半自动封箱机

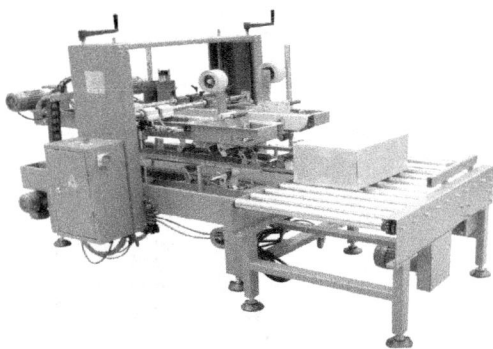

图 6-49 全自动封箱机

熔融或使用包扣等材料连接的机器。捆扎机的功用是使塑料带能紧贴于被捆扎包件表面，保证包件在运输、储存中不会因捆扎不牢而散落，同时还应捆扎整齐美观。

就自动化程度而言，可分为手动打包机（如图 6-50 所示）、半自动打包机（如图 6-51 所示）、全自动打包机（如图 6-52 所示）三种。

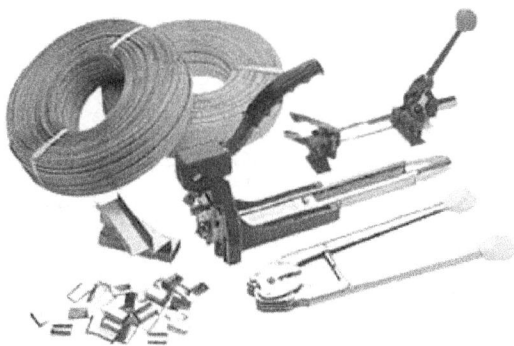

图 6-50 手动打包机

（七）裹包机

裹包机（如图 6-53 所示）也称为缠绕机，是指用缠绕包装材料裹包产品局部或全部表面的机器。

（八）多功能包装机械

多功能包装机械是指能完成多项包装工序的机器。

图 6-51　半自动打包机

图 6-52　全自动打包机

图 6-53　裹包机

例如装盒机，是用于产品销售包装的机械，它将经过计量的一份定量物料装入盒中，并把盒的开口部分闭合或封固。装箱机用于完成运输包装，它将包装成品按一定排列方式和定量装入箱中，并把箱的开口部分闭合或封固。装盒机和装箱机均有容器成形（或打开容器）、计量、装入、封口等功能。

❓ 小结

（1）包装的作用：_____、_____、_____。

（2）防震包装的三种形式：_____、_____、_____。

📖 练习与自测

1. 单选题

（1）至今仍占金属包装材料的首位的材料是（　　）。

A. 钢材　　　　　　　B. 铝材　　　　　　　C. 铜材　　　　　　　D. 铝合金材料

（2）低密度聚乙烯脂经过物理发泡后成为（　　）。

A. 海绵　　　　　　　B. 泡沫　　　　　　　C. 珍珠棉　　　　　　D. 气泡袋

（3）唯一可以放进微波炉的塑料盒是用（　　）制作的。

A. 聚乙烯　　　　　　B. 聚氯乙烯　　　　　C. 聚丙烯　　　　　　D. 聚苯乙烯

2. 判断题

（1）真空包装就是无菌包装。（　　）

（2）拉伸包装，是指用弹性薄膜在拉伸时缠绕裹包物品，当外力撤销时，薄膜自身的回弹力即可包紧物品的一种包装方法。（　　）

（3）PC 在高温情况下易释放出有毒的物质双酚 A，对人体有害。（　　）

（4）由于具有透光、多彩的优势，通常用于商业包装。（　　）

3. 简答题

（1）纸质包装材料有哪些优缺点？

（2）从不同角度进行分类，包装分为哪几大类？

4. 实践题

请收集生活中所见到的塑料材料并进行分类。

| 模块七 |

流通加工技术与设备

【教学目标】

教学目标：认知流通加工技术与设备。

能力目标：能够理解不同的加工技术对产品的影响。

情感目标：培养学生的沟通表达能力、团队合作精神、积极思考的态度。

【引入案例】

小红在出外逛街时发现超市里设有组合式鞋店，在货架上摆放着一些做鞋用的半成品，有数种鞋跟、鞋底，不同颜色的鞋面和鞋带等，顾客可任意挑选自己所喜欢的组件，交给职员当场进行组合，不多久，一双崭新的鞋即可送到顾客手中。小红想：这种做法是否能运用于物流公司中呢？如何运用呢？小红决定学习流通加工的知识来丰富自己的物流知识。

【知识导航】

1.流通加工

流通加工是为了提高物流速度和物品的利用率，在物品进入流通领域后，按客户的要求进行的加工活动，即在物品从生产者向消费者流动的过程中，为了促进销售、保持商品质量和提高物流效率，对物品进行一定程度的加工。流通加工是物品在从生产地到使用地的过程中，根据需要施加包装、分割、计量、分拣、刷标志、拴标签、组装等简单作业的总称。

流通加工有效地完善了流通，是物流的重要利润来源，在国民经济中也是重要的加工形式。

它包括消费资料的流通加工、生产资料的流通加工。

2.流通加工设备

流通加工设备是指货物在物流中心中根据需要进行包装、分割、计量分拣、添加标签条码、组装等作业时所需的设备。

3.流通加工设备的类型

根据加工对象的不同，流通加工设备可分为金属加工设备、水泥加工设备、玻璃加工设备、木材加工设备、煤炭加工设备、食品流通加工设备、组装产品的流通加工设备、生产延续的流通加工设备、通用加工设备等。

任务一 认识和选择流通加工技术

【小测试】 根据描述选择相应的配送中心类型。

对以下属于流通加工的图片在□内画"√"。

将肉类洗净后分装□

用布做成衣服□

月饼豪华包装□

按照客户要求剪切钢板□

用木材做成椅子□

刷标志、拴标签□

【知识链接】

一、流通加工技术概述

（一）流通加工技术的概念

流通加工技术是指商品在从生产者向消费者流通的过程中，为了增加附加价值，满足客户需求，促进销售而进行简单的组装、剪切、套裁、拴标签、刷标志、分类、检量、弯管、打孔等加工作业。

（二）流通加工的类型

根据不同的目的，流通加工分为以下不同的类型。

1. 为弥补生产领域加工不足的深加工

例如：钢板、圆木的进一步下料、切裁。

2. 为满足需求多样化进行的服务性加工

例如：消费品的不同袋装。

3. 为保护产品所进行的加工

例如：生鲜食品的冷冻加工、保鲜加工。

4. 提高装卸效率、方便物流的加工

例如：过大设备解体、气体液化。

5. 促进销售的流通加工

例如：蔬菜、肉类洗净切块以满足消费者要求。

6. 提高加工效率的流通加工

例如：集中加工解决生产企业加工效率不高的弊病。

7. 提高原材料利用率的流通加工

例如：合理规划、套剪、集中下料。

8. 衔接不同运输方式使物流合理化的流通加工

例如：多品种、少批量、多批次末端运输和集货运输之间的衔接。

9. 以提高经济效益追求企业利润为目的的流通加工

10. 生产—流通一体化的流通加工形式

二、流通加工的方法

（一）剪板加工

剪板加工（如图 7-1 所示）是指在固定地点设置剪板机或各种剪切、切削设备将大规格的金属、塑料板料裁切为各种小尺寸的板料或毛坯。剪板加工在流通加工中应用比较广泛，可用于板料或卷料的剪裁。剪板、折弯、卷圆加工如图 7-2 所示。不锈钢加工如图 7-3 所示。金属剪板加工如图 7-4 所示。钢板剪切加工如图 7-5 所示。

剪板加工主要用于剪裁各种尺寸金属板材的直线边缘，在轧钢、汽车、飞机、船舶、拖拉机、桥梁、电器、仪表、锅炉等各个工业部门中有广泛应用。剪板加工的工作原理是：上刀片固定在刀架上，下刀片固定在下床面上，床面上安装有托球，以便于板料的送进移动，后挡料板用于板料定位，位置由调位销进行调节。液压压料筒用于压紧板料，以防止板料在剪切时翻转。棚板是安全装置，以防止发生工伤事故。

剪板加工降低销售起点，方便用户。

图 7-1 剪板加工

图 7-2 剪板、折弯、卷圆加工

图 7-3 不锈钢加工

图 7-4 金属剪板加工

图 7-5 钢板剪切加工

（二）集中开木下料

集中开木下料（如图 7-6 所示）将原木锯裁成各种木板、木方（如图 7-7 所示），同时把木头碎屑集中加工成各种规格的板材（如图 7-8 所示），甚至还进行打眼、凿孔（如图 7-9 所示）等初级加工。

图 7-6　集中开木下料

图 7-7　木板加工

图 7-8　木条加工

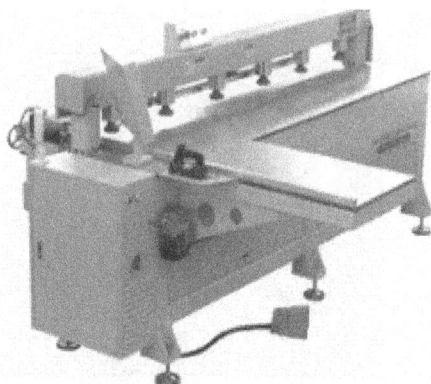
图 7-9　木板水平侧凿孔

（三）冷冻加工

冷冻加工是指为解决活商品、药品等在流通领域中保鲜、装卸搬运的问题，采取低温冷冻的加工。水产品冷冻加工（如图 7-10 所示）又称冻结加工，是借助人工制冷手段把水产品的温度降低到水产品体内汁液的冻结点以下，造成过冷，使其大部分水分结成冰晶，并进一步将其温度降低至 −18℃或更低的温度，使酶类和微生物的生命活动都处于休止状态，以便

图 7-10　水产品冷冻加工

在长期储藏过程中，水产品很少发生变质。合理冻结和储藏的水产品在大小、质地、色泽和风味方面，一般不会发生明显的变化，解冻后还能保持原始的新鲜状态，因此冻制的水产品质量较高。冷冻制品加工（水产冷冻加工如图 7-11 所示，食品冷冻加工如图 7-12 所示）是一种重要而又比较简便的水产品加工方法。

图 7-11　水产冷冻加工

图 7-12　食品冷冻加工

（四）分选加工

分选加工（对水果进行分等级的挑选分类，如图 7-13 所示）的目的是确保不合格品的分选/加工得到有效控制，以确保品质符合规定要求。分选：使不合格的产品挑选出来以满足合格产品的要求。加工：使不合格产品符合要求而对其采取的措施，加工后的产品一定是合格品。樱桃预冷保鲜分选加工如图 7-14 所示，果蔬分级精选如图 7-15 所示。

图 7-13　对水果进行分等级的挑选分类

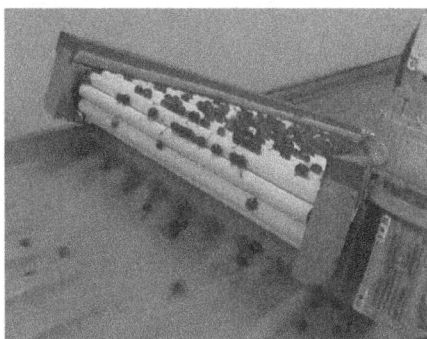

图 7-14　樱桃预冷保鲜分选加工

图 7-15　果蔬分级精选

（五）精制加工

精制加工（果蔬精选分装如图 7-16 所示）是初制产品质量的升级。它的任务是经过筛分、风选、拣剔、匀堆、补火的分离、改造、拼合，达到整理外形、划分优次、剔除劣异、控制水分的目的。对农牧副渔产品去除无用的部分，甚至进行切分、洗净、分装的工作。肉类精选加工如图 7-17 所示。

图 7-16　果蔬精选分装　　　　　　　图 7-17　肉类精选加工

（六）分装加工

分装加工是指对商品按零售要求进行新的包装，即将大包装改小、散装改小包装、适合运输的包装改适合销售的包装等。面粉分装如图 7-18 所示，花生油分装如图 7-19 所示。

图 7-18　面粉分装　　　　　　　　图 7-19　花生油分装

（七）组装加工

组装加工是指对出厂配件、半成品进行组合安装，随即出售。公路自行车组装如图 7-20 所示，电脑组装如图 7-21 所示。

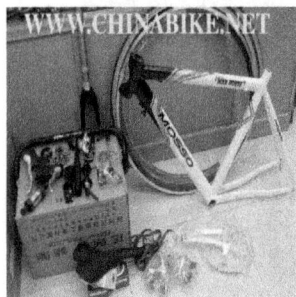

图 7-20　公路自行车组装　　　　　图 7-21　电脑组装

（八）定造加工

定造加工是指为使用者加工制造适合个性的非标准品。定造摩托配件如图 7-22 所示，定造骑行衣服如图 7-23 所示，定造防盗网如图 7-24 所示，定造铁艺茶几如图 7-25 所示。

图 7-22　定造摩托配件

图 7-23　定造骑行衣服

图 7-24　定造防盗网

图 7-25　定造铁艺茶几

任务二　认识和选择流通加工设备

【小测试】　根据货物选择流通加工设备。

小红将流通加工的方法开始在××物流公司里运用。某一天，小红接到通知，需对一批猕猴桃完成分选、分装、打包的任务，运到超市进行分等级销售。请你为小红选择合适的设备进行流通加工。在正确的名字后面的□中画"√"。

贴标机□　　　　　　　　剪切加工设备□　　　　　　　冷链设备□

分选加工设备□　　　　　混凝土搅拌设备□

【知识链接】

一、流通加工设备概述

流通加工设备是指为了方便物资的再生产加工、运输和销售等而进行分装、加工等作业的设施或者设备。流通加工设备是指货物在物流中心中根据需要进行包装、分割、计量分拣、添加标签条码、组装等作业时所需的设备。它可以弥补生产过程中加工程度的不足，有效地满足用户多样化的需要，提高加工质量和效率以及设备的利用率，从而更好地为用户提供服务。

二、流通加工设备的种类

（一）贴标机

在流通加工作业中，贴标签作业是作业量较大的一种。就自动化程度而言可分为手工、半自动、全自动三种。自动贴标机可分为接触式和非接触式两种：接触式贴标机必须是商品与贴标机接触才能贴标；而非接触式贴标机则是在贴标机与商品没有接触的状态下贴标，利用空气喷射的力量将标签贴在商品上。在物流中心的作业中，以半自动的贴标机为最多，因为物流中心的大部分贴标签作业属于多种少量的情形，当然也有少种多量的商品，且其量大，适合于自动化的设备。单面贴标机如图 7-26 所示，双面贴标机如图 7-27 所示。

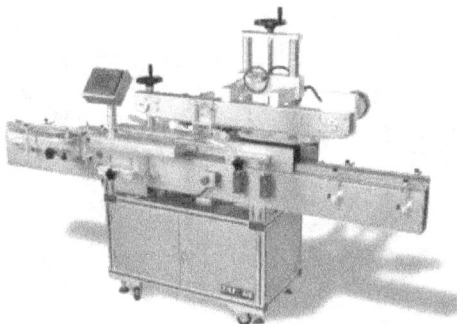

图 7-26 单面贴标机

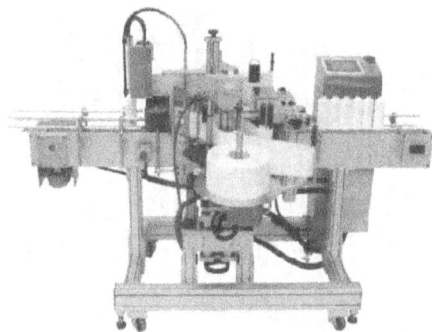

图 7-27 双面贴标机

（二）剪切加工设备

剪切加工设备是用于物品分割、剪切等作业的专用机械设备，主要有剪板机、切割机等。常用的剪板机有机械剪板机（如图 7-28 所示）、数控剪板机（如图 7-29 所示）、液压剪板机（如图 7-30 所示）、激光剪板机（如图 7-31 所示）、脚踏剪板机（如图 7-32 所示）、精密剪板机（如图 7-33 所示）。

图 7-28 机械剪板机

图 7-29 数控剪板机

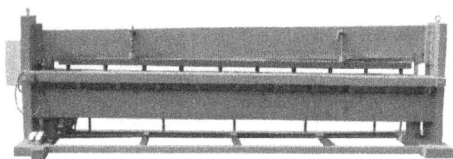
图 7-30　液压剪板机

图 7-31　激光剪板机

图 7-32　脚踏剪板机

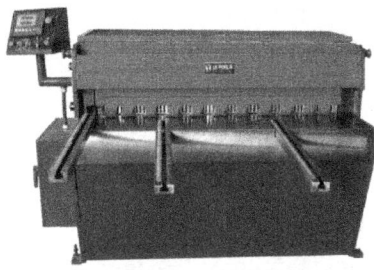
图 7-33　精密剪板机

（三）冷链设备

冷链设备主要有冷库、低温冰箱、普通冰箱、冷藏箱、冷藏包、冰排、冷柜、冷藏车、蓄冷箱等。

冷库主要有以下三种。

（1）冷冻库（如图 7-34 所示）。

（2）保鲜库。

（3）速冻库（如图 7-35 所示）。

图 7-34　冷冻库

图 7-35　速冻库

冷藏箱具有表面光滑、容易清洗、保温效果好、不怕摔碰的优点，针对需要可设计不同大小，可以配合具有保冷保鲜作用的科技冰袋一起使用。冷藏箱主要有干冰运输箱（如图7-36 所示）、血液冷藏运输箱（如图 7-37 所示）、疫苗冷藏运输箱（如图 7-38 所示）、$-86{}^{\circ}\!C$超低温冰箱（如图 7-39 所示）、曲面柜、专用冷藏运输箱等。

（四）分选加工设备

分选加工是指针对农副产品规格、质量离散性较大的情况，为获得一定规格的产品而采取的人工或机械分选方式加工。青红椒专用分拣机如图 7-40 所示，大蒜分拣机如图 7-41 所示。

图 7-36　干冰运输箱

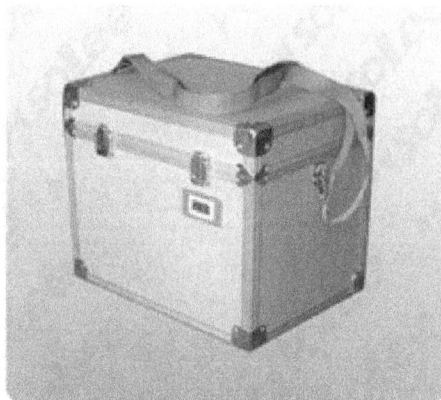

图 7-37　血液冷藏运输箱

图 7-38　疫苗冷藏运输箱

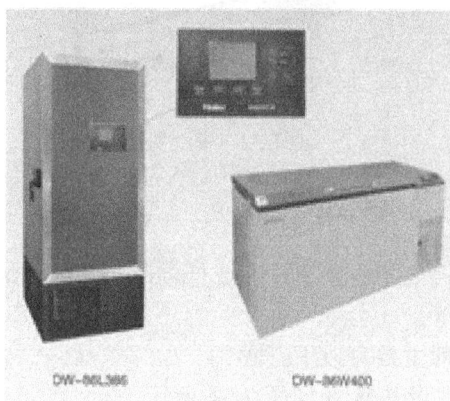

图 7-39　–86℃超低温冰箱

图 7-40　青红椒专用分拣机

图 7-41　大蒜分拣机

（五）混凝土搅拌设备

混凝土搅拌机（如图 7-42 所示）是指把水泥、砂石和水混合并拌制成混凝土混合料的机械。它主要由搅拌筒、加料和卸料机构、供水系统、原动机、传动机构、机架和支承装置等组成。其中，混凝土搅拌混合机械设备（如图 7-43 所示）包括双轴搅拌机、螺旋桨式搅拌机。

图 7-42　混凝土搅拌机

图 7-43　混凝土搅拌混合机械设备

小结

（1）流通加工的内容包括＿＿＿＿＿＿＿＿＿＿＿、＿＿＿＿＿＿＿＿＿＿＿。

（2）流通加工是指商品在从生产地到使用地的过程中，根据需要施加＿＿＿＿＿、＿＿＿＿＿、＿＿＿＿＿、＿＿＿＿＿、＿＿＿＿＿、＿＿＿＿＿等简单作业的总称。

（3）流通加工的作用包括＿＿＿＿＿＿＿＿＿＿＿＿＿、＿＿＿＿＿＿＿＿＿＿＿＿＿、＿＿＿＿＿＿＿＿＿＿＿＿＿。

（4）流通加工在物流中的地位表现为＿＿＿＿＿＿＿＿＿＿＿、＿＿＿＿＿＿＿＿＿＿＿＿＿＿＿＿＿＿＿。

（5）流通加工的方法有＿＿＿＿＿＿、＿＿＿＿＿、＿＿＿＿＿、＿＿＿＿＿、＿＿＿＿＿、＿＿＿＿＿。

（6）流通加工设备是指为了＿＿＿＿＿、＿＿＿＿＿和＿＿＿＿＿等而进行分装、加工等作业的设备或设施。

（7）流通加工设备包括＿＿＿＿＿、＿＿＿＿＿、＿＿＿＿＿、＿＿＿＿＿、＿＿＿＿＿、＿＿＿＿＿。

（8）流通加工的对象是＿＿＿＿＿＿＿＿＿＿＿＿＿。

（9）流通加工大多是＿＿＿＿＿，而生产加工一般是复杂加工。

（10）对于流通加工合理化的最终判断，是看其能否＿＿＿＿＿＿＿＿＿＿＿＿＿。

练习与自测

1. 单选题

（1）我国常用的流通加工形式主要有：剪板加工、集中开木下料、燃料掺配加工、冷冻加工和（　　　）等。

　　A. 产品加工　　　　　B. 精制加工　　　　　C. 配额加工　　　　　D. 库存加工

（2）下列为流通加工设备的是（　　　）。

　　A. 货架　　　　　　　B. 托盘　　　　　　　C. 叉车　　　　　　　D. 热收缩膜机

（3）下列为流通加工设备的是（　　　）。

　　A. 剪切设备　　　　　B. 冷冻设备　　　　　C. 配煤加工设备　　　D. 分拣设备

E. 开木下料设备

（4）在超市将各类肉末、鸡翅、香肠等上架之前，进行加工，如清洗、贴条形码、包装等，属于（　　）。

A. 冷冻加工　　　　B. 精制加工　　　　C. 配额加工　　　　D. 库存加工

（5）可以作为销售包装材料，其透明度好，表面光泽，造型和色彩美观，产生陈列效果，能提高商品价值和消费者的购买欲望，该描述体现了流通加工的（　　）。

A. 保护性能　　　　B. 操作性能　　　　C. 附加价值性能　　　D. 方便使用性能

（6）将钢板进行剪板、切裁；钢筋或圆钢裁制成毛坯；木材加工成各种长度及大小的木板、木方等加工方式是（　　）加工。

A. 生产　　　　B. 来样　　　　C. 来料　　　　D. 流通

（7）根据流通加工的定义，下列属于流通加工的是（　　）。

A. 某工厂采购布匹、纽扣等材料，加工成时装并在市场上销售

B. 某运输公司在冷藏车皮中保存水果，使其在运到目的地时保持新鲜

C. 杂货店将购时的西红柿按质量分成1元/斤和2元/斤两个档次销售

D. 将马铃薯通过洗涤、破碎、筛理等工艺加工成淀粉

（8）（　　）是指用于物品包装、分割、计量、分拣组装、价格贴付、商品检验等作业的专业机械设备。

A. 包装设施　　　　B. 运输设施　　　　C. 流通加工设施　　　D. 仓储设施

（9）流通加工是指（　　）。

A. 生产加工的补充与完善　　　　　B. 残次品的返工

C. 回收旧货的改造　　　　　　　　D. 满足客户个性化需求的商品再加工

E. 流通过程中的加工活动

（10）流通加工与生产加工的区别主要体现在（　　）。

A. 加工对象不同　　B. 加工内容不同　　C. 加工目的不同　　D. 加工深度不同

E. 所处领域不同

2. 判断题

（1）消费资料的流通加工是指食品的消费品。（　　）

（2）流通加工是指根据需要施加包装、分割、计量、分拣、刷标志、拴标签、组装等简单作业的总称。（　　）

（3）采购布匹、纽扣等材料，加工成时装并在市场上销售属于流通加工。（　　）

（4）流通加工既提高了加工效率和加工质量，又提高了设备利用率。（　　）

（5）自动化贴标设备适用于多品种少批量的商品的贴标签作业。（　　）

（6）分选加工是为获得一定规格的产品而采取的人工或机械分选方式加工。（　　）

（7）剪切加工设备是用于物品分割、剪切等作业的专用机械设备。（　　）

（8）从价值观点看，生产加工的目的在于创造价值及使用价值，而流通加工的目的则在于完善其使用价值，并在不做大的改变的情况下提高价值。（　　）

（9）生产加工的对象是商品，而流通加工的对象不是最终产品，而是原材料、零配件或半成品。（　　）

（10）从价值观点看，流通加工的目的在于创造价值及使用价值，而生产加工的目的则在于完善其使用价值。（　　）

3. 看图填空题（根据图片写出设备的名称或流通加工方法）

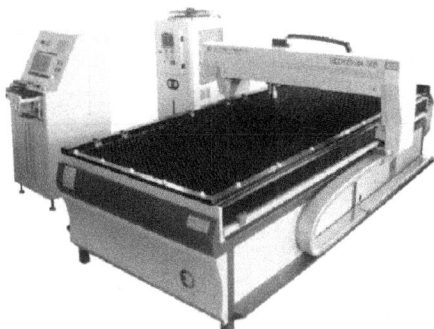

物流信息技术与设备

【教学目标】

教学目标：掌握物流信息技术与设备的组成和工作原理。

能力目标：能根据需要选择配备物流信息设备。

情感目标：培养学生的沟通表达能力、团队合作精神、积极思考的态度。

【引入案例】

小红发现公司的收发货、仓储保管、运输配送都使用了条形码等物流信息技术，为了更好地了解各种物流信息技术，小红决定好好学习物流信息技术与设备。

【知识导航】

1. 物流信息技术的定义

物流信息技术是现代信息技术在物流各作业环节中的综合应用，是物流现代化的重要标志。

2. 物流信息核心技术

物流信息核心技术包括条形码、RFID、EDI、GPS 和 GIS。

任务一 认识物流信息技术

【小测试】 物流各环节中信息技术的应用。

近年来，小红所在的物流公司在业务过程中大量使用各种物流信息技术加快信息流动，小红也在努力地了解各种物流信息技术并思考其在物流领域的应用。

请将下列业务环节与可以应用的物流信息技术连线。

入库收货验收　　　　　　　　　　　　　RFID 技术

高速公路自动收费　　　　　　　　　　　EDI 技术

运输车辆导航　　　　　　　　　　　　　条形码技术

查询货物位置信息　　　　　　　　　　　GPS 技术

采购订单传递　　　　　　　　　　　　　GIS 技术

【知识链接】

一、物流信息技术概述

（一）物流信息

1.物流信息的定义

物流信息是指物流活动中各个环节生成的信息，一般随着从生产到消费的物流活动的产生而产生，与物流过程中的运输、储存、装卸、包装等各种职能有机地结合在一起，是整个物流活动顺利进行所不可缺少的。

从狭义范围来看，物流信息是指与物流活动（如运输、储存、包装、装卸、流通加工等）有关的信息。

从广义范围来看，物流信息不仅指与物流活动有关的信息，而且包含与其他流通活动有关的信息，如商品交易信息和市场信息等。

2.物流信息的特点

物流信息的特点主要表现在以下几个方面。

（1）信息量大、分布广

物流信息与物流活动共生，从运输、仓储到流通加工等，各个环节都会产出大量的信息。此外，物流活动的复杂性和物流在商品经济中的地位也决定了物流信息分布较广。

（2）动态性强、实时性高

物流信息是随着客户需求而变化的，因此，表现物流活动的物流信息也必然是动态的。

（3）标准化程度高

物流信息贯穿于整个商品的流动过程，需要在不同系统间实现高速交换与共享。因此，物流信息的标准化程度也就比较高，从而真正实现物流管理的高效率。

（二）物流信息技术

信息技术泛指能拓展人的信息处理能力的技术。通过信息技术的运用，可以替代或辅助人们完成对信息的检测、识别、变换、存储、传递、计算、提取、控制和利用。

物流信息技术是指运用于物流各环节的信息技术。物流信息技术是物流技术中发展最迅猛的领域，是物流现代化的重要标志。

二、物流信息技术的构成

（一）物流信息基础技术

物流信息基础技术主要包括计算机技术、网络技术和数据库技术。

在物流信息技术中，计算机技术主要是指计算机的操作技术；网络技术通过整合互联网分散的资源，实现资源的全面共享和有机协作，使人们能够按需获取信息；数据库技术主要用于物流信息的存储和查询，为信息所有者提供信息支持和辅助决策。

（二）信息采集技术

信息采集技术主要包括条形码技术和射频识别（RFID）技术。

条形码技术是在计算机的应用实践中产生和发展起来的一种自动识别技术。由于条形码具有成本低、制作简单、准确率高、信息量大等优点，条形码技术逐渐成为物流信息管理工作的基础，被广泛用于物流过程的各项活动中。条形码在仓储配送中心的入库验收、出库发货和库存盘点等各个环节都能应用。

射频识别技术是一种非接触式的自动识别技术，它通过射频信号自动识别目标对象来获取相关数据，具有全自动快速识别、安全性高、环境适应性强、应用面广等特点。RFID 在高速公路自动收费系统、物品跟踪管理、生产自动化和仓储管理等领域都有应用。

（三）信息交换技术

物流管理中的信息交换技术主要是指电子数据交换（EDI）技术。

电子数据交换技术是指通过电子方式，采用标准化的格式，利用计算机网络进行结构化数据的传输和交换。贸易伙伴之间使用 EDI 通信，使传递发票、订单达到很高的效率。

（四）地理分析与动态跟踪技术

地理分析与动态跟踪技术主要包括全球定位系统（GPS）技术和地理信息系统（GIS）技术两种。

全球定位系统技术是指利用空中卫星对地面目标进行精确导航与定位，以达到全天候高准确度地跟踪地面目标运行轨迹的目的。GPS 技术在物流领域主要应用于运输车辆定位及跟踪调度、铁路运输管理、船舶跟踪及最佳航线的确定、空中运输管理和军事物流配送等方面。

地理信息系统技术以地理空间数据为基础，采用地理模型分析方法，实时地提供多种空间和动态的地理信息，是一种为地理研究和地理决策服务的信息技术。GIS 的基本功能是将表格型数据转换为地理图形，然后对其进行浏览、操作和分析。比如，使用 GIS 提供的电子地图就能查询货物动态位置信息。

任务二 认识和选择条形码技术设备

【小测试】 为公司选购不同岗位使用的条形码阅读设备。

小红所在公司的货物不停地运到仓库，入库、出库、盘点、分拣配送各方面都需要采集货物的信息。该公司的条形码阅读设备明显数量不足，影响了工作效率。公司决定再采购一批条形码阅读设备，分别用于不同的岗位，尽量发挥条形码技术的优势，加强管理和业务运作。为了使采购的条形码阅读设备更适合工作实际，公司决定由小红协同采购。

在认识条形码技术识读原理和识读设备的种类之后，请你说说公司各工作岗位可以采购哪些条形码阅读设备及这些设备的特点。

【知识链接】

一、条形码概述

（一）条形码的概念

条形码又称条码，是由一组规则排列的条、空以及对应的字符组成的标记，"条"指对光线反射率较低的部分，"空"指对光线反射率较高的部分，这些由条和空组成的数据表达一定的信息，并能够用特定的设备识读，转换成与计算机兼容的二进制、十进制信息。

条形码技术利用光电扫描阅读设备来将代码数据输入计算机中，代码信息包括静态的品名、规格、数量、生产厂商等信息，以及批号、流水线、生产日期、保质期、发运地点、到达地点、收货单位、运单号等动态信息，因而在商品流通等领域得到了广泛的应用。

（二）条形码的结构

一个完整的一维条形码结构的组成次序依次为：静区（前）、起始符、数据符、校验符（可选）和终止符以及供人识读的字符、静区（后）组成，如图 8-1 所示。

静区	起始符	左侧数据符	中间分隔符	右侧数据符	校验符	终止符	静区

图 8-1　一维条形码结构

（1）静区（前）：位于条形码符号的左端，无任何符号及信息的空白区域，提示条形码阅读器准备扫描。

（2）起始符：是条形码符号的第一位字符，标志着一个条形码的开始。其作用在于避免连续阅读时几组条形码互相混淆或阅读不当丢失前面的条形码。

（3）数据符：是条形码的核心，是所要传递的主要信息，表示特定信息的条形码字符。其中，中间分隔符主要用于 EAN 码。

（4）校验符：校验阅读是否有效，校验码是数据符进行算术运算的结果。

（5）终止符：是条形码符号的最后一个字符，标志着条形码的结束。

（6）静区（后）：位于条形码符号的右端，与静区（前）的作用相同。

二、条形码设备的种类

（一）条形码识读设备的概念

条形码识读设备也叫条形码阅读器，是指具有条形码符号识读功能的设备。条形码识读设备一般都配有专用的光源，光线经发射返回到光电转换器上，转变为电信号，并经过编码器最终转变为人可以识读的数字信息。

（二）条形码的识读原理

条形码的识读和数据的采集主要由条形码扫描器来完成。光电转换器是扫描器的主要部分，它的作用是将光信号转换成电信号，如图 8-2 所示。

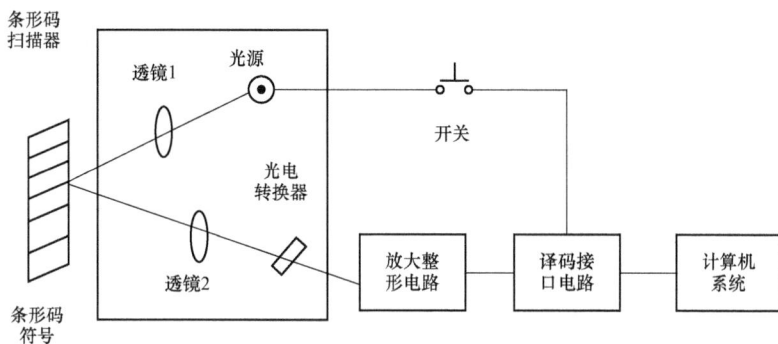

图 8-2　条形码的识读原理

当扫描器对条形码符号进行扫描时，由扫描器光源发出的光通过光学系统照射到条形码符号上；条形码符号反射的光经光学系统成像在光电转换器上，在光电转换器接收光信号后，产生一个与扫描点处光强度成正比的模拟电压，模拟电压通过整形，转换成矩形波；矩形波信号是一个二进制脉冲信号，再由译码器将二进制的脉冲信号解释成计算机可以采集的数字信号，如图 8-3 所示。

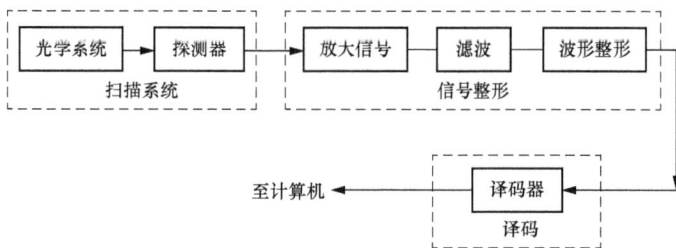

图 8-3　条码识读系统

（三）条形码识读设备的分类

条形码识读设备由条形码扫描器和译码器两个部分组成。现在，大部分生产厂家都将这两者集成为一体，并根据不同用途和需要设计了各种类型的扫描器。

1. 从扫描方式上分类

条形码识读设备从扫描方式上可分为接触式和非接触式两种条形码扫描器。

接触式条形码识读设备是指扫描时必须与被扫描对象接触的识读设备，包括光笔与卡槽式条形码扫描器。

非接触式条形码识读设备是指不需要与被扫描对象接触的识读设备，包括 CCD 扫描器与激光扫描器。

2. 从操作方式上分类

条形码识读设备从操作方式上可分为手持式和固定式两种条形码扫描器。

手持式条形码扫描器应用于许多领域，特别适用于条码尺寸多样、识读场合复杂、条形码形状不规整的应用场合。

固定式条形码扫描器扫描识读不用人手把持，适用于省力、人手劳动强度大（如超市的扫描结算台）或无人操作的自动识别应用场合（如自动分拣机）。

3. 按识读码制的能力分类

条形码识读设备按扫描方式来划分，可以分为接触式和非接触式两种。接触式条形码识读器必须与被扫描识读的条形码接触，才能达到读取数据的目的，包括光笔与卡槽式条形码扫描器，它们只能识读一维条形码；非接触式条形码识读器只要在有效景深范围内，光源照射到条形码符号即可自动完成扫描，包括 CCD 扫描器、激光扫描器、图像式条形码识读器，它们可以识读一维条形码和部分二维条形码。

4. 从扫描方向来分类

条形码识读设备从扫描方向上可分为单向和全向条形码扫描器。其中，全向条形码扫描器又分为平台式和悬挂式。

（四）常用的条形码识读设备

1. 光笔扫描器

光笔就是笔头装有发光原件的笔形扫描器，是最先出现的一种手持接触式条形码阅读器，如图 8-4 所示。

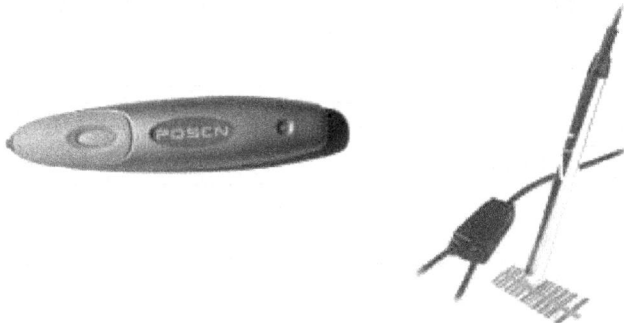

图 8-4　光笔扫描器

使用时，操作者需将光笔接触到条形码表面，通过光笔的镜头发出一个很小的光点，这个光点从左到右扫过条形码对条形码信息进行阅读。

光笔的优点主要是与条形码接触阅读，能够明确哪一个是被阅读的条形码；阅读条形码的长度可以不受限制；与其他阅读器相比，成本较低；内部没有移动部件，比较坚固；体积小，重量轻。缺点是使用光笔会受到各种限制，比如有一些场合不适合接触阅读条形码；只有在比较平坦的表面上阅读指定密度的、打印质量较好的条形码时，光笔才能发挥它的作用；操作人员需要经过一定的训练才能使用，如阅读速度、阅读角度、使用的压力不当都会影响它的阅读性能；因为它必须接触阅读，当条形码在因保存不当而造成损坏或者上面有一层保护膜时，光笔都不能使用。由于光笔的首读成功率低及误码率较高，因此随着条形码应用的推广，已逐渐被 CCD 扫描器所取代。

2. CCD 扫描器

CCD 扫描器通常有两种类型：一种是手持式扫描器，如图 8-5（a）所示；另一种是固定式扫描器，如图 8-5（b）所示。这两种扫描器均属于非接触式，只是形状和操作方式不同，其扫描机理和主要元件完全相同。CCD 扫描器主要采用了电荷耦合装置 CCD（一种可以实现自动扫描的光电转换器，也叫 CCD 图像感应器），不需要增加任何部件，便可以实现对条形码符号的自动扫描。

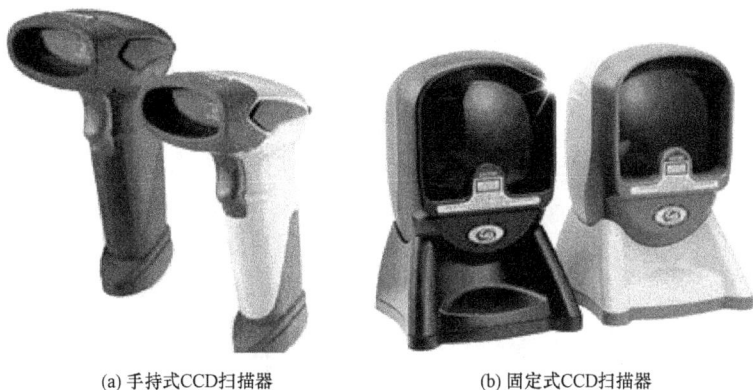

(a) 手持式CCD扫描器　　　　　　(b) 固定式CCD扫描器

图 8-5　CCD 扫描器

CCD 阅读器使用一个或多个 LED，发出的光线能够覆盖整个条形码，条形码的图像被传到一排光上，被每个单独的光电二极管采样，由邻近的探测结果为"黑"或"白"来区分每一个条或空，从而确定条形码的字符。换言之，CCD 阅读器不是阅读每一个"条"或"空"，而是条形码的整个部分。

与其他阅读器相比，CCD 阅读器的价格较便宜，容易使用。它的重量比激光阅读器轻，而且不像光笔　样只能接触阅读。CCD 阅读器的局限在于它的阅读景深和阅读宽度，在需要阅读印在弧形表面上的条形码（如饮料罐）时会出现困难；也不太适合一些需要远距离阅读的场合；CCD 的防摔性能较差，因此产生的故障率较高；在所要阅读的条形码比较宽时，CCD 也不是很好的选择，信息很长或密度很低的条形码很容易超出扫描头的阅读范围，导致条形码不可读。

3. 激光扫描器

激光扫描器（如图 8-6 所示）是各种扫描器中价格相对较高的，但它所能提供的各项功能指标最高，因此在各个行业中都被广泛采用。

激光扫描器的基本工作原理是：通过一个激光二极管发出一束光线，照射到一个旋转的棱镜或来回摆动的镜子上，反射后的光线穿过阅读窗照射到条形码表面，光线经过条或空的反射后返回阅读

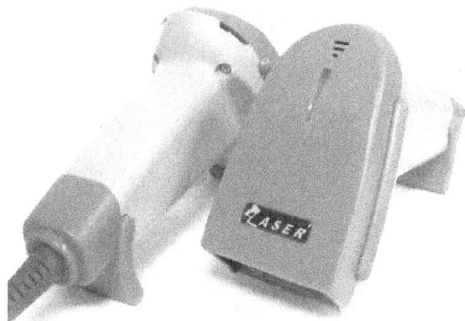

图 8-6　激光扫描器

器，由一个镜子进行采集、聚焦，通过光电转换器转换成电信号，该信号将通过扫描器或终端上的译码软件进行译码。

激光扫描器可以很杰出地用于非接触扫描，通常情况下，在阅读距离超过 30cm 时，激

光阅读器是唯一的选择；激光阅读条形码密度范围广，并可以阅读不规则的条形码表面，也可以透过玻璃或透明胶纸阅读，因为是非接触阅读，因此不会损坏条形码标签；因为有较先进的阅读及解码系统，所以识别成功率高、识别速度相对光笔及 CCD 更快，而且对印刷质量不好或模糊的条形码的识别效果好；误码率极低（仅约为三百万分之一）；激光阅读器的防震防摔性能好。激光扫描仪的唯一的缺点是：它的价格相对较高，但如果从购买费用与使用费用的总和计算看，与 CCD 阅读器并没有太大的区别。

图 8-7 卡槽式扫描器

4. 卡槽式扫描器

卡槽式扫描器是一种将带有条码符号的卡片在卡槽中通过即可读取数据的扫描器，如图 8-7 所示。这种扫描器内部的机械结构能保证带有条形码符号的卡式证件或文件在插入滑槽后沿轨道做直线运动，在卡片前进过程中，扫描光点将条形码信息读入。卡槽式扫描器一般都具有与计算机传送数据的能力，同时具有声光提示以证明识别正确与否。卡槽式扫描器常用于人员考勤打卡管理。

5. 便携式数据采集器

便携式数据采集器（如图 8-8 所示）又称手持终端，可以将扫描器带到物体的条形码符号前，是为了适应一些现场数据采集（如扫描笨重物件的条形码符号）而设计的，适合于脱机使用的场合。它由电池供电，与计算机之间的通信不和扫描同时进行，它有自己的内部存储器，可以存储一定量的数据，并在适当的时候把数据传输给计算机。几乎所有的便携式数据采集器都有一定的编程能力，可以满足不同场合的应用需要，如仓库管理、商品盘点等。

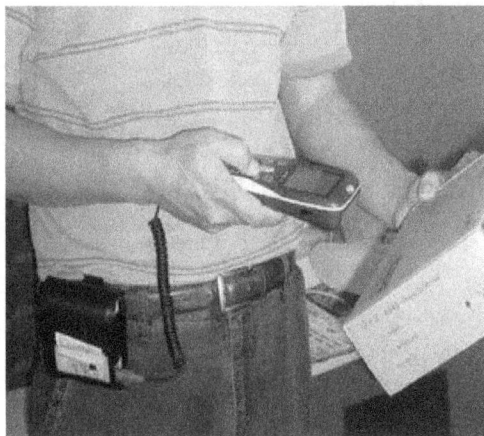

图 8-8 便携式数据采集器

任务三 认识和选择射频识别（RFID）技术

【小测试】 分析射频识别技术的应用前景。

小红的公司在采购条形码识读设备时，卖方为她介绍了一些射频识读设备。公司认为射频识别技术非常具有发展前景，将来会广泛应用于物流领域，于是让小红深入地研究射频技术，结合本公司的实际分析是否具有必要性和可行性。

请你在了解射频技术的识读原理和设备组成的基础上，结合小红公司（第三方物流公司）的具体业务分析射频技术的应用领域和发展前景。

【知识链接】

一、射频识别技术概述

射频识别（Radio Frequency Identification，RFID）技术俗称电子标签，是指利用射频信号及其空间耦合（交变磁场或电磁场）和传输特性进行非接触信息传递，并通过所传递的信息达到识别目的的技术。简单地说，RFID 技术就是利用无线电波读/写并交换数据信息的一种自动识别技术。

RFID 是于 20 世纪 90 年代开始兴起的一种自动识别技术，可通过无线电信号识别特定目标并读/写相关数据，而无须在识别系统与特定目标之间建立机械或光学接触。由于其识别距离比光学系统远，且不局限于视线，射频识别卡具有读/写能力，可携带大量数据，难以伪造，且具有智能等优点，RFID 技术被广泛应用在物流等行业。它在仓储管理（比如存取货物、库存盘点等）、交通运输管理（比如高速公路自动收费）、货物和运输车辆跟踪、生产线的自动化及过程控制、卖场管理等方面都发挥了重大的作用。

二、射频识别技术系统的组成和工作原理

（一）RFID 技术系统的组成

一个典型的射频识别（RFID）技术系统一般由 RFID 标签、阅读器、天线、计算机系统等部分组成，如图 8-9 所示。

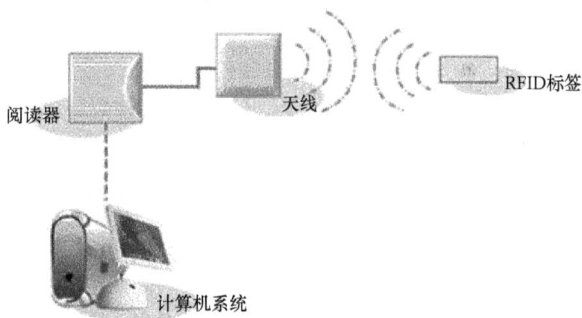

图 8-9　RFID 技术系统的组成

1. RFID 标签

RFID 标签一般是带有线圈、天线存储器与控制系统的低电集成电路，如图 8-10 所示。RFID 标签相当于条形码技术中的条形码符号，用来存储需要识别、传输的信息。与条形码不同的是，RFID 标签能够自动或在外力的作用下，将存储的信息发射出去。RFID 标签分为主动式标签和被动式标签两种。

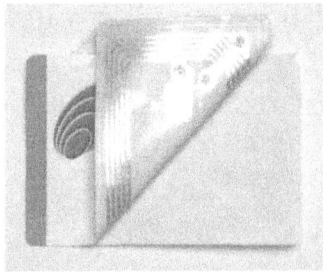

图 8-10　各种 RFID 标签

（1）主动式标签：主动式标签内含电源，具有可读/写的特性。由于它自带电源，因而能在更远的距离范围内读/写数据，但由于结构复杂因而导致外形较大，且价格更昂贵。

（2）被动式标签：被动式标签将阅读器传来的射频信号反射回去，并可通过调制解码设备将相关信息加入到其所反射的射频信号中。由于其外形更小巧、价格更便宜，因此比主动式标签具有更广阔的应用领域。

2. 阅读器

阅读器又称解读器或识读器，是读取（在读写卡中还可以写入）标签信息的设备，如图8-11 所示。阅读器的基本任务是启动数据载体（即标签），与这个数据载体建立通信并在应用软件和一个非接触的数据载体之间传送数据。

图 8-11　各种阅读器

3. 天线

天线是在标签与阅读器之间传输数据的发射和接收装置，如图8-12所示。任何一个 RFID 技术系统都至少应包含一根天线（不管是内置还是外置）以发射和接收射频信号。有

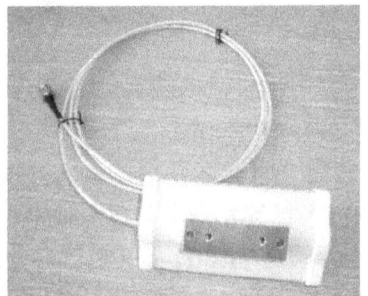

图 8-12　各种天线

些 RFID 技术系统由一根天线完成发射和接收任务，有些 RFID 系统则将用于发射和接收的天线分开装置。

（二）RFID 技术系统的工作原理

RFID 技术系统的基本工作原理并不复杂：电子标签进入磁场后，接收阅读器发出的射频信号，凭借感应电流所获得的能量发送出存储在芯片中的产品信息（被动标签），或者由标签主动发送某一频率的信号（主动标签），阅读器读取信息并解码后，送至计算机系统进行有关数据处理，如图 8-13 所示。

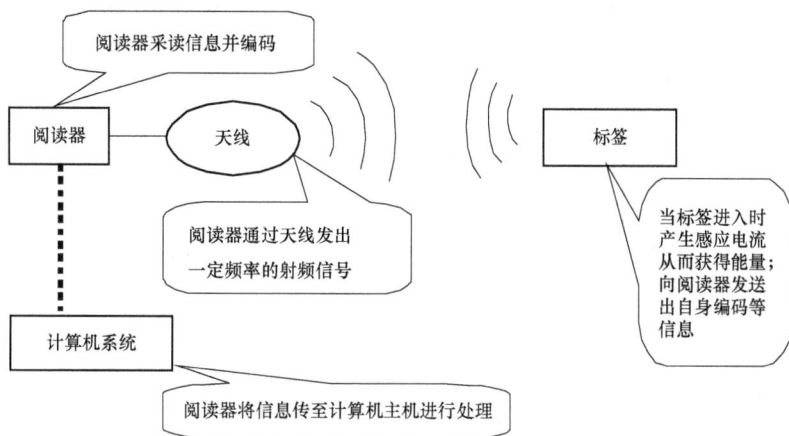

图 8-13　RFID 的工作原理

任务四　认识和选择电子数据交换（EDI）

【小测试】 掌握电子数据交换的工作原理。

公司负责人告诉小红，公司新安装了 EDI 软件，以后与货主、承运人、海关等之间的订单、发票、报关等业务通信都由用 EDI 系统来完成。公司要求小红尽快掌握 EDI 的工作方式。

请你在学习电子数据交换技术的基础上，描述出 EDI 的工作步骤，并画出流程图。

【知识链接】

一、电子数据交换技术概述

（一）电子数据交换技术的概念

电子数据交换（Electronic Data Interchange，EDI）技术，是由国际标准化组织（ISO）推出使用的。ISO 对 EDI 的定义是：商业或行政事务处理，按照一个公用的标准，形成结构化的事务处理或信息数据结构，实现从计算机到计算机的电子数据传输。目前，EDI 技术广泛应用在商业贸易、运输业、海关通关和其他等领域。

EDI 是将标准、协议规范化和格式规范化的经济信息通过电子数据网络，在贸易伙伴企业的计算机系统之间进行自动交换和处理的数据传输方法。由于使用 EDI 可以减少甚至消除贸易过程中的纸面文件，因此 EDI 又被人们通俗地称为"无纸贸易"。例如，对于国际贸易中的采购订单、装箱单、提货单等数据的交换，EDI 方式比传统的手工方式更具优势，如图8-14、图 8-15 所示。

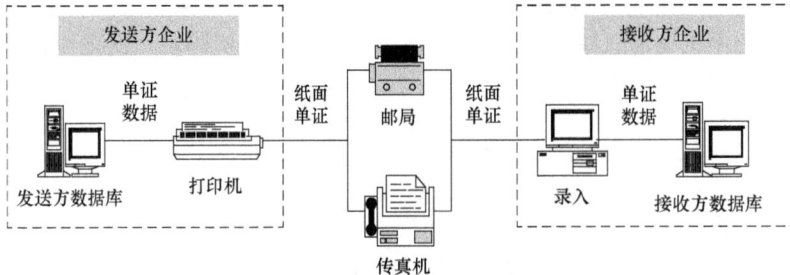

图 8-14　手工条件下贸易单证的传递方式

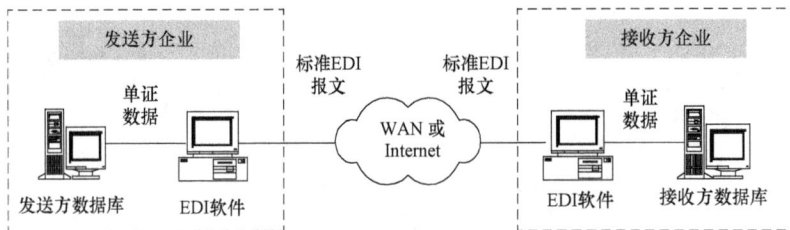

图 8-15　EDI 条件下贸易单证的传递方式

（二）EDI 的特点

1. EDI 使用电子方法传递信息和处理数据

EDI 一方面用电子传输的方式取代了以往纸面单证的邮寄和递送，从而提高了传输效率；另一方面通过计算机处理数据取代了人工处理数据，从而减少了差错和延误。

2. EDI 采用统一标准编制数据信息

这是 EDI 与电传、传真等其他传递方式的重要区别，电传、传真等并没有统一格式标准，而 EDI 必须有统一的标准方能运作。

3. EDI 是计算机应用程序之间的连接

EDI 实现的是计算机应用程序与计算机应用程序之间的信息传递与交换。由于计算机只能按照给定的程序识别和接收信息，所以电子单证必须符合标准格式并且内容完整准确。在电子单证符合标准且内容完整的情况下，EDI 系统不但能识别、接收、存储信息，还能对单证数据信息进行处理，自动制作新的电子单据并传输到有关部门。在收到一些重要电子邮件时，计算机还可以按程序自动产生电子收据并传回对方。

4. EDI 系统采用加密防伪手段

EDI 系统有相应的保密措施，EDI 传输信息的保密通常是采用密码系统，各用户掌握自己的密码，可打开自己的"邮箱"取出信息，外人却不能打开这个"邮箱"，有关部门和企业发给自己的电子信息均自动进入自己的"邮箱"。一些重要信息在传递时还要加密，即把信息转换成他人无法识别的代码，接收方计算机按特定程序译码后还原成可识别信息。

二、电子数据交换的构成

EDI 系统由数据标准、EDI 硬件和软件、通信网络三个部分组成,这三个部分相互衔接、相互依存,构成了 EDI 的基础框架,如图 8-16 所示。

图 8-16 EDI 系统模型

(一) 数据标准

数据标准将来自用户或其他信息系统的命令与信息,按 EDI 标准方式,产生订单、发票或其他 EDI 报文。目前,大部分国家都把联合国欧洲经济委员会(UN/ECE)制定颁布的 UN/EDIFACT 作为 EDI 表示和交换数据的标准,这样,EDI 用户可以在全球范围内交换有关的事务处理资料。

(二) EDI 硬件及软件

1. EDI 硬件

EDI 系统所需的硬件包括计算机、调制解调器和通信线路等。

(1)计算机:是存储和处理 EDI 数据的主要设备,PC、工作站、小型机、主机等均为实施 EDI 的平台。

(2)调制解调器:用来进行模拟信号和数字信号之间的转换,其功能与传输速度应根据实际需求而选择。

(3)通信路线:是保证信息传递的通路,常用的通信线路是拨号上网或 ADSL 等,如需要也可以考虑租用专线。

2. EDI 软件

EDI 软件可以将用户数据库系统中的信息译成 EDI 的标准格式,以方便 EDI 数据的传输和交换。EDI 系统中常用的软件有转换软件、翻译软件和通信软件三种,处理过程如图 8-17 所示。

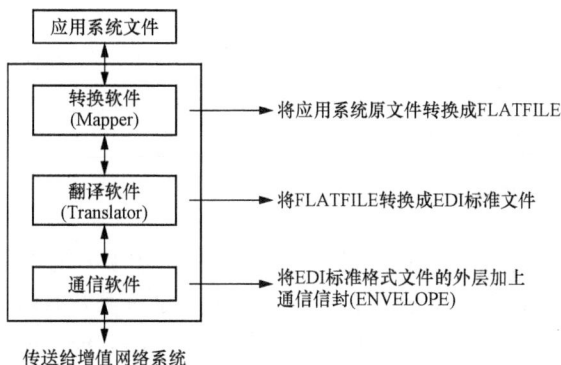

图 8-17 EDI 软件构成

（1）转换软件：将原有计算机系统的文件转换成翻译软件能够理解的平面文件。

（2）翻译软件：将平面文件翻译成 EDI 标准格式。

（3）通信软件：将 EDI 标准格式文件外层加上通信信封，再传送到 EDI 系统交换中心的邮箱。

（三）通信网络

通信网络是实现 EDI 的手段。各种数据通信网络（如公用电话网、专用网、分组交换网等）都可以用于构成 EDI 的网络环境。EDI 的通信方式有多种，包括点对点（PTP）方式和增值网（VAN）方式，如图 8-18 所示。

（1）点对点（PTP）方式：是指 EDI 按照约定的格式，通过直接的通信网络进行信息的传递和终端处理，完成相互的业务交往。早期的 EDI 通信一般采用 PTP 方式，但是它的应用范围非常有限，只有在贸易伙伴数量较少的情况下使用。

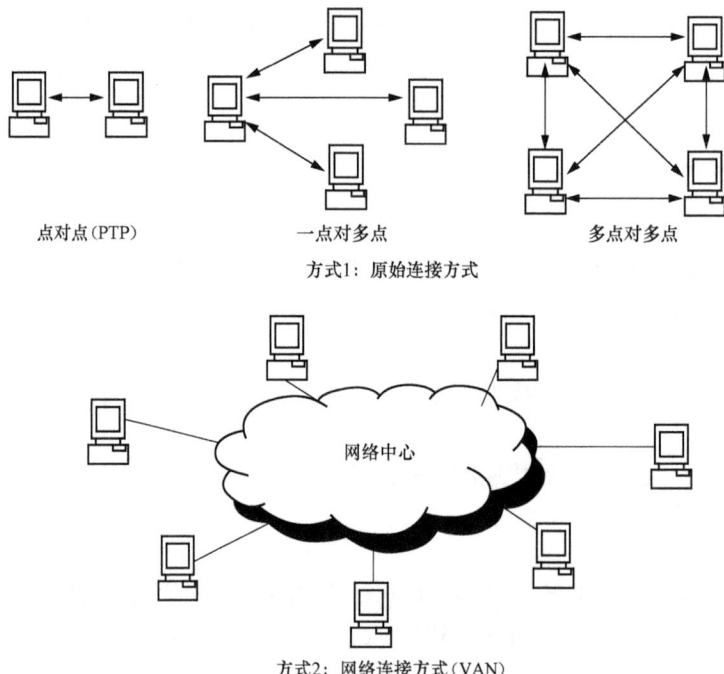

点对点(PTP)　　　　一点对多点　　　　多点对多点

方式1：原始连接方式

网络中心

方式2：网络连接方式（VAN）

图 8-18　EDI 网络通信方式

（2）增值网（VAN）方式：是指增值数据业务（VADS）公司利用已有的计算机与通信网络设备来完成通信任务。VADS 公司提供给 EDI 用户的增值服务一般是租用信箱和协议转换，提高了通信效率，降低了通信费用。

三、EDI 系统工作原理

EDI 的通信机制指信箱间信息的存储和转发。其具体实现方法是在数据通信网上加挂大容量信息处理计算机，在计算机上建立 EDI 信箱系统，通信双方需申请各自的信箱，其通信过程就是把文件传到对方的信箱中。文件交换由计算机自动完成，在发送文件时，用户只需进入自己的信箱系统。EDI 的工作原理如图 8-19 所示，具体处理步骤包括下列四步。

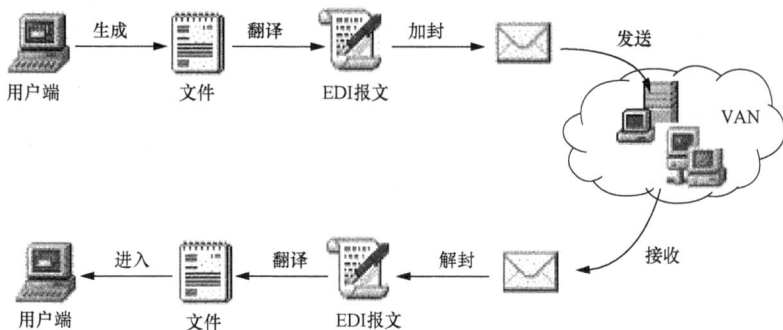

图 8-19 EDI 的工作原理

（一）生成 EDI 平面文件

用户应用系统将用户的应用文件（如单证、票据等）或数据库中的数据取出，通过映射程序把用户格式的数据变换为一种标准的中间文件，这个中间文件称为 EDI 平面文件。

（二）翻译生成 EDI 标准格式文件

将平面文件通过翻译软件生成 EDI 标准格式文件。EDI 标准格式文件就是所谓的 EDI 电子单证，或称电子票据。它是用户之间进行贸易和业务往来的依据，具有法律效力。它是按照 EDI 数据交换标准（即 EDI 标准）的要求，将单证文件（平面文件）中的目录项，加上特定的分隔符、控制符和其他信息，生成的一种包括控制符、代码和单证信息在内的只有计算机才能阅读的 ASCII 码文件。

（三）通信

这一步由用户端计算机通信软件完成。通信软件将已转换成标准格式的 EDI 报文经通信线路传送至网络中心，将 EDI 电子单证投递到对方的信箱中。信箱系统自动完成投递和转接，并按照通信协议的要求，为电子单证加上信封、信头、信尾、投送地址、安全要求及其他辅助信息。

（四）EDI 文件的接收和处理

接收和处理过程是发送过程的逆过程。用户首先需要通过通信网络进入 EDI 信箱系统，打开自己的信箱，将 EDI 报文接收到自己的计算机中，经格式检验、翻译和映射，还原成应用文件，最后对应用文件进行编辑、处理和回复。

任务五 认识和选择全球定位系统（GPS）和地理信息系统（GIS）

【小测试】 体验 GPS 和 GIS 技术的使用。

小红所在公司随着业务的开展，其业务覆盖的地域范围越来越大，这对公司运输、配送提出了更高要求。为了更合理地调度车辆，及时掌握车辆和货物的在途信息，掌握不同地区的路线情况，公司决定为自有车辆配备 GPS 并在网上申请 GIS 的相应服务，在公司全面推广GPS 和 GIS 技术的使用。小红作为运输配送相关人员，也需要尽快掌握 GPS 和 GIS 的使用方法，以此提高工作效率。

请你在掌握 GPS 和 GIS 知识的基础上，通过网络查找和体验一种电子地图软件（如百度地图）的电子地图、导航定位等功能，掌握其使用方法。

【知识链接】

一、全球定位系统和地理信息系统概述

（一）全球定位系统

全球定位系统（Global Positioning System，GPS），是利用卫星星座（通信卫星）、地面控制部分和信号接收机对对象进行动态定位的系统。

GPS 最早是由美国军方开发使用的，由于 GPS 能即时获取被监控对象的动态空间信息，因此，GPS 目前被广泛用于船舶和飞机导航、对地面目标的精确定位、地面及空中交通管制、空中与地面灾害监测等领域。

GPS 的工作概念基于卫星的距离修正。用户通过测量到太空各可视卫星的距离来计算他们的当前位置，卫星的左右相当于精确的已知参考点。每颗 GPS 卫星时刻发布其位置和时间数据信号，用户接收机可以测量每颗卫星信号到接收机的时间延迟，根据信号传输的速度就可以计算出接收机到不同卫星的距离。同时收集到至少 3 颗卫星的数据时就可以解算出三维坐标、速度和时间。

（二）地理信息系统

地理信息系统（Geographical Information System，GIS），是以地理空间数据库为基础，采用地理模型分析方法，适时提供多种空间的和动态的地理信息，为地理研究和地理决策服务的计算机技术系统。

GIS 以计算机为工具，根据用户的需要将地理数据准确、真实、图文并茂地输出给用户，以满足城市建设、企业管理、居民生活对空间信息的要求。

二、全球定位系统和地理信息系统的组成

（一）全球定位系统（GPS）的组成

GPS 由空间部分、地面控制部分、用户设备部分三大部分组成，如图 8-20 所示。

1. 空间部分——GPS 卫星星座

空间部分即 GPS 卫星星座，由 24 颗高轨道工作卫星（其中有 3 颗备用卫星）构成，如图 8-21 所示。这 24 颗卫星分布在高度为 2 万 km 的 6 个轨道上绕地球飞行。每条轨道上拥有 4 颗卫星，在地球上任何一点、任何时刻都可以同时接收来自 4 颗卫星的信号，从而迅速确定物体在地球上的位置。

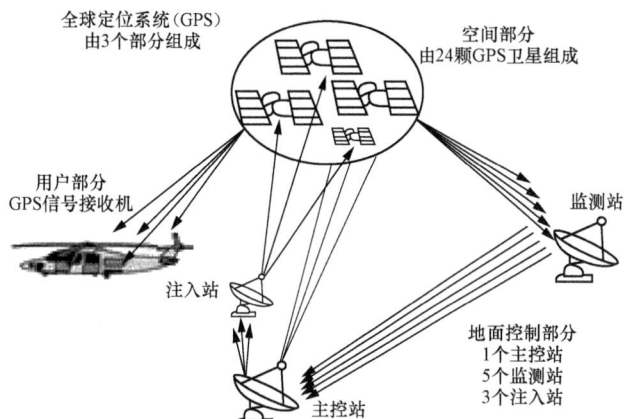

图 8-20 GPS 的组成

2. 地面控制部分——地面监控系统

地面控制部分即 GPS 的地面监控系统,包括 1 个主控站、3 个注入站和 5 个监测站。监测站均配装精密的铯钟和能够连续测量到所有可见卫星的接收机。监测站将取得的卫星观测数据(包括电离层和气象数据),经过初步处理后传送到主控站。主控站从各监测站收集跟踪数据,计算出卫星的轨道和时钟参数,然后将结果送到 3 个注入站。注入站在每颗卫星运行至上空时,把这些导航数据及主控站指令注入到卫星。

3. 用户设备部分——GPS 信号接收机

用户设备部分即 GPS 信号接收机,是一种特制的无线

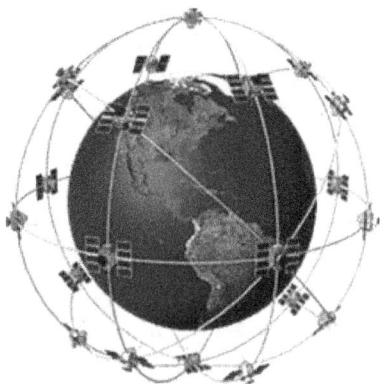

图 8-21 GPS 卫星星座

电接收机,如图 8-22 所示。其主要功能是能够捕获到按一定卫星截止角所选择的待测卫星,并跟踪这些卫星的运行。当接收机捕获到跟踪的卫星信号后,就可测量出接收天线至卫星的伪距离和距离的变化率,解调出卫星轨道参数等数据。根据这些数据,接收机中的微处理计算机就可按定位解算方法进行定位计算,计算出用户所在地理位置的经纬度、高度、速度、时间等信息。

图 8-22 各种 GPS 信号接收机

(二)地理信息系统(GIS)的组成

GIS 主要由 5 个部分组成,即计算机硬件系统、计算机软件系统、地理空间数据库、系统管理人员和分析方法,如图 8-23 所示。

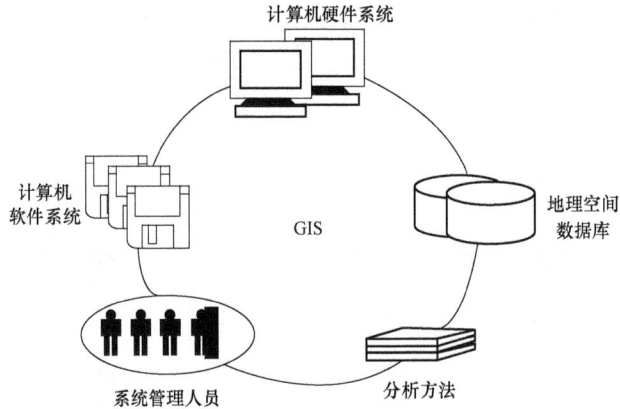

图 8-23   地理信息系统（GIS）的组成

1.计算机硬件系统

GIS 可充分利用从主服务器到桌面工作站乃至网络计算的一切计算资源。

2.计算机软件系统

计算机软件系统提供存储、分析、显示地理数据的功能，要素包括地理数据输入、工具；空间数据库管理工具；空间查询、分析、可视化表达；图形用户界面。

3.地理空间数据库

GIS 必须建立在准确使用地理数据的基础上，数据来源包括室内数字化和外业采集，以及从其他数据的转换。数据类型分为空间数据、属性数据，并与关系数据库互相连接。

4.系统管理人员

GIS 应用的关键是掌握实施 GIS 来解决现实问题的人员的素质。这里既包括从事 GIS 系统开发的专业人员，也包括采用 GIS 完成日常工作的最终用户。

5.分析方法

成功的 GIS 系统具有好的设计计划，这些是规范的操作实践，对每个公司来说，又是独特的。

小结

（1）物流信息技术包括＿＿＿＿＿＿＿＿、＿＿＿＿＿＿＿＿、＿＿＿＿＿＿＿＿、＿＿＿＿＿＿＿这四类。

（2）条形码是由一组规则排列的＿＿＿＿＿、＿＿＿＿＿以及对应的＿＿＿＿组成的＿＿＿＿。

（3）一个完整的条形码的组成次序依次为：静区（前）、＿＿＿＿＿、＿＿＿＿＿、校验符（可选）和＿＿＿＿以及供人识读字符、静区（后）组成。

（4）射频识别技术简称＿＿＿＿，俗称＿＿＿＿，是利用＿＿＿＿读/写并交换数据信息的一种自动识别技术。

（5）射频识别技术系统一般由＿＿＿＿、＿＿＿＿、＿＿＿＿以及计算机系统等部分组成。

（6）EDI 系统由＿＿＿＿、＿＿＿＿、＿＿＿＿3 个部分组成。

（7）全球定位系统，简称＿＿＿＿，是利用＿＿＿＿＿＿＿＿、地面控制部分和信号接收机对对象进行＿＿＿＿＿的系统。

（8）地理信息系统，简称_____，是以_____为基础，采用地理模型分析方法，适时提供多种空间的和动态的_____，为地理研究和地理决策服务的计算机技术系统。

练习与自测

1. 单选题

（1）条形码技术属于哪类信息技术？（　　　）。

A. 信息基础技术　　　B. 信息采集技术　　　C. 信息交换技术　　　D. 地理分析技术

（2）下列不属于物流信息的特点是（　　　）。

A. 信息量大　　　　　B. 分布广　　　　　　C. 标准化程度低　　　D. 动态性强

（3）条形码的识读和数据的采集主要是由（　　　）来完成的。

A. 人工　　　　　　　B. 条码打印机　　　　C. 条码扫描器　　　　D. 条码标签

（4）考勤打卡一般使用的条形码扫描器是（　　　）。

A. 光笔扫描器　　　　B. CCD 扫描器　　　　C. 数据采集器　　　　D. 卡槽式扫描器

（5）有自己的内部存储器，可以储存一定量的数据的条形码阅读器是（　　　）。

A. 光笔扫描器　　　　B. 激光扫描器　　　　C. 数据采集器　　　　D. 卡槽式扫描器

（6）下列扫描器属于接触式扫描器的是（　　　）。

A. 光笔扫描器　　　　　　　　　　　　B. 手持式 CCD 扫描器

C. 固定式 CCD 扫描器　　　　　　　　D. 激光扫描器

（7）射频识别技术可以取代的信息技术是（　　　）。

A. 条码技术　　　　　B. EDI 技术　　　　　C. GPS 技术　　　　　D. 网络技术

（8）EDI 软件系统主要由转换软件、翻译软件和通信软件构成，假设发送方要将单证文件经软件处理发送给接收方，软件的执行顺序是（　　　）。

A. 通信软件→转换软件→翻译软件　　　B. 转换软件→翻译软件→通信软件

C. 翻译软件→转换软件→通信软件　　　D. 通信软件→翻译软件→转换软件

（9）目前，我国 GPS 技术主要应用于运输车队的（　　　）。

A. 绩效分析　　　　　B. 计划制订　　　　　C. 客户关系　　　　　D. 监控与调度

2. 判断题

（1）物流信息技术是物流技术中发展最迅猛的领域，是物流现代化的重要标志。（　　　）

（2）条形码的"条"指对光线反射率较低的部分，"空"指对光线反射率较高的部分。（　　　）

（3）激光扫描器采用的光源是 LED。（　　　）

（4）有些 RFID 系统无天线也能发射和接收射频信号。（　　　）

（5）EDI 是采用统一标准编制数据信息的，这点与电子邮件一样。（　　　）

（6）GPS 的地面监控系统包括 5 个主控站、3 个注入站和一个监测站。（　　　）

（7）GIS 必须建立在准确使用地理数据的基础上。（　　　）

3. 简答题

（1）常用的条形码扫描器有哪些？

（2）试描述 RFID 系统的工作原理。

（3）电子数据交换（EDI）系统包括哪几个组成部分？

（4）GPS 由哪几个部分组成？各部分有何作用？

参 考 文 献

[1] 李贞. 物流信息技术与应用[M]. 北京：航空工业出版社，2011.

[2] 尚福久，马晓波，金科. 物流信息技术实训[M]. 北京：清华大学出版社，北京交通大学出版社，2011.

[3] 万九香. GIS 技术及其应用和发展前景. http://wenku.baidu.com 2003 年 9 月.

[4] 郑彬. 仓储作业实务[M]. 北京：高等教育出版社，2010.

[5] 王飞-仓储物流与供应链. 深入解读：了解仓库货架作用、分类、特点及货架系统选购流程. [eb/ol]微博
     @王飞-仓储物流与供应链，个人号：hs18918033898.2017-06-29.

[6] 王环平. 仓库及仓储设施设备概述. [eb/ol].
     https://wenku.baidu.com/view/f69e87af541810a6f524ccbff121dd36a32dc487.html?from=search.2017-9-15.

[7] guojimilan442. 自动化立体仓库详细介绍(免费). [eb/ol].
     https://wenku.baidu.com/view/27f065cd8bd63186bcebbc38.html?from=search.2012-12-10.

[8] milk 记. 货架的分类. [eb/ol].
     https://wenku.baidu.com/view/e108d2c2bceb19e8b9f6ba26.html?from=search.2014-03-31.

[9] 潘娅媚，舒长辉. 物流设施与设备[M]. 西安：西北工业大学出版社，2012.

[10] 中国机械网. 起重机械操作指南. 北京：人民出版社，2011.

[11] 魏安莉，张毅. 物流装备与技术[M]. 广州：世界图书出版社广东有限公司，2012.

[12] 石文明. 物流机械与设备[M]. 北京：化学工业出版社，2010.

[13] 曾玉霞. 物流运输实务[M]. 广州：中国出版集团，世界图书出版公司，2015.

[14] 刘敏. 物流设施与设备操作[M]. 北京：中国工信出版集团，电子工业出版社，2017.

[15] 纪寿文，缪立新，李克强. 现代物流装备与技术实务[M]. 深圳：深圳出版发行集团，海天出版社，2014.